NIKLAS HOLZBERG
DIE ANTIKE FABEL

NIKLAS HOLZBERG

DIE ANTIKE FABEL

Eine Einführung

WISSENSCHAFTLICHE BUCHGESELLSCHAFT
DARMSTADT

Einbandgestaltung: Neil McBeath, Stuttgart.

Einbandmotiv: Äsop, griech. Fabeldichter,
Mittelbild einer griechischen Schale, um 470 v. Chr.
Foto: Bildarchiv Preußischer Kulturbesitz, Berlin.

1. Auflage 1993
2., verbesserte und erweiterte Auflage 2001

Die Deutsche Bibliothek – CIP-Einheitsaufnahme
Ein Titeldatensatz für diese Publikation ist bei
Der Deutschen Bibliothek erhältlich.

Das Werk ist in allen seinen Teilen urheberrechtlich geschützt.
Jede Verwertung ist ohne Zustimmung des Verlages unzulässig.
Das gilt insbesondere für Vervielfältigungen,
Übersetzungen, Mikroverfilmungen und die Einspeicherung in
und Verarbeitung durch elektronische Systeme.

© 2001 by Wissenschaftliche Buchgesellschaft, Darmstadt
Gedruckt auf säurefreiem und alterungsbeständigem Papier
Printed in Germany

Besuchen Sie uns im Internet: www.wbg-darmstadt.de

ISBN 3-534-15040-6

INHALT

Einleitung	1
1. Fabeln als Exempel in Dichtung und Prosa	13
1.1 Griechische Literatur	13
1.1.1 Archaische und klassische Zeit	13
1.1.2 Das hellenistische Fabelrepertorium	24
1.1.3 Kaiserzeit	29
1.2 Römische Literatur	36
2. Versfabelbücher	43
2.1 Phaedrus, ›Fabulae Aesopiae‹	43
2.2 Babrios, ›Mythiamben‹	57
2.3 Avian, ›Fabulae‹	69
3. Prosafabelbücher	80
3.1 Das Buch ›Leben und Fabeln Äsops‹	80
3.1.1 ›Leben Äsops‹: Der Äsop-Roman	84
3.1.2 ›Fabeln Äsops‹: Die ›Augustana-Sammlung‹	94
3.2 Der ›Aesopus Latinus‹	105
Bibliographie	117
Bibliographischer Nachtrag zur 2. Auflage	133
Personen- und Sachregister	145
Stellenindex	149

EINLEITUNG

Wer sich auf das Gebiet „antike Fabel" wagt, betritt ein Trümmerfeld. Ein Trümmerfeld aber nicht etwa nur im Bereich der Erforschung dieser Erzählform (was man eigentlich kaum anders erwartet von der nach wie vor überwiegend an Texten der Kategorie „edle Einfalt und stille Größe" interessierten Altphilologie). Auch die Fabeltexte selbst bieten in ihrer Gesamtheit den Anblick einer ungeordneten Masse. Das erklärt sich vor allem daher, daß die Fabel in der Antike gemeinhin noch nicht als literarische Gattung *per se* galt, sondern primär in Dichtung und Prosa zur narrativen Exemplifizierung der verschiedensten Aussagen verwendet wurde. Es gab zwar auch Fabelbücher, und diejenigen, die sie zusammenstellten bzw. selbst verfaßten, hatten z. T. durchaus literarische Ambitionen – zumindest die Dichter unter ihnen. Aber von ihrem Schaffen nahm der zeitgenössische Literaturbetrieb kaum Notiz, so daß wir nicht einmal den Namen eines jeden von ihnen kennen. Und ihre Fabelbücher behielten unter den Händen späterer Herausgeber und Abschreiber nicht ihre ursprüngliche Gestalt – lediglich das kleine Corpus der Fabeln Avians bildet hier eine Ausnahme –, sondern man kürzte oder erweiterte sie, veränderte willkürlich die Reihenfolge der Fabeln, schrieb diese, soweit sie in Versen abgefaßt waren, in Prosa um und paßte die Diktion derjenigen, die schon in Prosa vorlagen, dem eigenen Sprachgebrauch oder gar dem eigenen Zeitgeist an. Warum hätte man das auch nicht tun sollen? Sah man doch in Fabeln, wie gesagt, nicht Produkte einer künstlerischen Intention, sondern Gebrauchstexte.

Fabeln, die der Illustration eines irgendwo in Dichtung oder Prosa geäußerten Gedankens dienen, können wir in der antiken Literatur vom Ende des 8. Jahrhunderts v. Chr. bis zum Ausgang des Altertums verfolgen. Dabei treffen wir entweder auf Fabelinhalte, die durch eine ausgefeilte Erzählung wiedergegeben werden

– z. B. ›Stadtmaus und Landmaus‹ bei Horaz (Sat. II 6, 79–117) –, oder solche, die nur skizziert werden, oft in indirekter Rede – z. B. ›Die tanzenden Fische‹ bei Herodot (I 141) –, oder auf den Fall, daß in Redewendungen wie „die Spuren schrecken" oder „mit fremden Federn" auf Fabeln angespielt wird (Platon, Alk. I, 123 A und Horaz, Briefe I 3, 19f.). Die Zahl dieser für die Geschichte der antiken Fabel eminent wichtigen Fundstellen beläuft sich auf weit über hundert; hinzu kommt das nicht unbeträchtliche Kontingent der von Rhetoriklehrern für schulische Übungen bearbeiteten Texte, allen voran die 16 Fabeln des Ps.-Dositheus (Anf. 3. Jh.) und die 40 Fabeln des Aphthonios (4./5. Jh.).

Die Gruppe der außerhalb von Fabelbüchern erscheinenden Fabeln bzw. Fabelanspielungen ist besonders schwer zu erschließen, weil diese Texte weder jemals in einer den modernen Ansprüchen genügenden Gesamtausgabe vereinigt noch in einem zuverlässigen und bequem benutzbaren Repertorium aufgelistet wurden. Es gibt zwar zwei Gesamtverzeichnisse antiker Fabeln – den Anhang zu B. E. PERRYS Loeb-Edition der Fabeln des Babrios und Phaedrus (1965) und den dritten Band der ›Historia de la fábula greco-latina‹ von F. RODRÍGUEZ ADRADOS (1979–1987) –, aber PERRYS Register berücksichtigt zu wenig die Parallelüberlieferung zu den Fabeln der Fabelbücher, und das «Inventario» des spanischen Gelehrten ist unübersichtlich, nicht durch Register erschlossen, sprachlich nicht jedermann leicht zugänglich und ohnehin mehr als «documentación» zu den in Band I und II entwickelten Thesen zur Rekonstruktion der Geschichte antiker Fabelbücher konzipiert denn als Fabelindex. Wer sich also einen Überblick über das außerhalb der Fabelbücher überlieferte griechisch-römische Fabelgut verschaffen will, muß sich anhand der beiden genannten Verzeichnisse und der über die Ausgaben der Fabelbücher verstreuten Hinweise (bes. CRUSIUS [1897], CFA, GUAGLIANONE [1969] und LUZZATTO/LA PENNA [1986] sind hier nützlich) in mühseliger Kleinarbeit ein eigenes Repertorium erstellen, ohne allerdings damit rechnen zu können, daß er das einschlägige Textmaterial vollständig erfaßt.

Nun zu den antiken Fabelbüchern, soweit sie von literarisch ambitionierten Autoren verfaßt wurden. Folgende Textcorpora sind erhalten:

a) Versfabelbücher
1. Phaedrus, ›Fabulae Aesopiae‹ (1. H. 1. Jh.):
Lateinische Fabeln in jambischen Senaren, auf 5 Bücher verteilt, die uns nur in Auszügen überliefert sind (= insgesamt 94 Fabeln); hinzu kommen 32 Fabeln, die von dem Humanisten NICCOLÒ PEROTTI ohne Berücksichtigung der Buchzählung in eine Anthologie von Phaedrus-Fabeln aufgenommen wurden (= ›Appendix Perottina‹), 11 in Prosa aufgelöste Phaedriana, deren Originale nicht erhalten sind, im Ademar-Kodex und Prosabearbeitungen verlorener Fabeln, deren Anzahl nicht mit Sicherheit zu bestimmen ist, im ›Aesopus Latinus‹ (s. u. b 2).
2. Babrios, Μυθίαμβοι Αἰσώπειοι (›Mythiamben‹; vor Anf. 3. Jh.):
Griechische Fabeln in Hinkiamben, in den Handschriften (außer in P. Oxy. 1249) alphabetisch (d. h. nach den Anfangsbuchstaben der Fabeltexte) angeordnet, davon in dem umfangreichsten Kodex, dem Athous, 123 auf 2 Bücher verteilte Fabeln erhalten (bis zum Buchstaben O), weitere 21 (einigermaßen vollständige) in anderen Handschriften; hinzu kommen die wohl erst in byzantinischer Zeit entstandenen Prosaparaphrasen nicht erhaltener Babriana, deren Anzahl nicht mit Sicherheit zu bestimmen ist.
3. Avian, ›Fabulae‹ (Wende 4./5. Jh.):
42 lateinische Fabeln in elegischen Distichen.

b) Prosafabelbücher (Autorennamen unbekannt)
1. ›Leben und Fabeln Äsops‹ (2./3. Jh.):
Ein aus einer fiktionalen Äsop-Biographie und einer Sammlung alphabetisch (d. h. nach den Anfangsbuchstaben der Fabeltexte) geordneter griechischer Fabeln bestehendes Buch, dessen Fabelteil nach der zuerst in der Fachwelt bekannt gewordenen Handschrift, dem ursprünglich in Augsburg aufbewahrten Münchner cod. Monac. gr. 564, ›Augustana-Sammlung‹ (›Col-

lectio Augustana‹) genannt wird. Der ältesten Handschriftenüberlieferung zufolge enthielt sie ursprünglich 231 Fabeln (+ weitere 13, die nur in der *recensio* Ia dieser Sammlung überliefert sind), aber möglicherweise befinden sich darunter später hinzugefügte Fabeln, und ebenso ist es sehr gut denkbar, daß sich in den beiden byzantinischen Fabelsammlungen, die u. a. durch Bearbeitung der ›Augustana-Sammlung‹ entstanden sind, der ›Collectio Vindobonensis‹ (nach cod. Vindob. gr. hist. 130) und der Sammlung des MAXIMOS PLANUDES (›Collectio Accursiana‹, nach der Editio princeps von ca. 1479), spätantike bzw. mittelalterliche Versionen antiker Fabeln erhalten haben, die, obwohl sie in der ›Collectio Augustana‹ fehlen, vor der Anfertigung des ältesten auf uns gekommenen Kodex dieser Sammlung noch zu ihr gehörten.

2. ›Aesopus Latinus‹ (4. Jh.):
Lateinische Fabeln, bei denen es sich vermutlich ausnahmslos um Prosabearbeitungen von Phaedriana handelt und die, von einem Brief des „Aesopus" an „Rufus" eingeleitet, in der verlorenen Urfassung auf 5 Bücher verteilt waren. Davon stehen 56 in den 5 *libri* des Wolfenbütteler cod. Gud. lat. 148 (ehem. in Weißenburg/Elsaß), diese und 12 weitere in den 4 *libri* der Sammlung des sich in einer an „Tiberinus" gerichteten und dem „Aesopus"-Brief vorgeschalteten Epistel als Übersetzer des ›Aesopus‹ ausgebenden „Romulus"; diese Sammlung ist in zwei *recensiones*, der *rec. Gallicana* und der *rec. vetus*, überliefert und enthält außer den 68 Prosabearbeitungen von Phaedriana 13 Fabeln, die auf Fabeln anderer Autoren zurückgehen. 29 Fabeln des ›Aesopus Latinus‹ finden sich auch im Leidener cod. Voss. lat. 8° no. 15 (= ›Ademar-Kodex‹, nach dem Schreiber), der mit diesen Texten 30 in Prosa aufgelöste Phaedriana und 8 Fabeln unbekannter Herkunft vereint.

Die Übersicht zeigt, wie bruchstückhaft unsere Kenntnis der von antiken Autoren verfaßten bzw. zusammengestellten Fabelbücher ist. Es verwundert daher nicht, daß die vom Historismus wesentlich geprägte Altphilologie der zweiten Hälfte des 19. und der ersten Hälfte des 20. Jahrhunderts in der Fabelforschung ihr Hauptinteresse auf die Frage richtete, wie die einzelnen Fabelbücher entstanden sind und wie sie in ihrer ursprünglichen Gestalt aussahen. Die wissenschaftliche Auseinandersetzung mit der antiken Fabel war also bis in jüngere Zeit darauf beschränkt, daß einzelne Gelehrte versuchten, die Sammlungsgeschichte zu rekonstruieren; das beginnt mit A. HAUSRATHS Erstlingsarbeit, den ›Untersuchungen zur Überlieferung der äsopischen Fabeln‹ von 1894, und reicht sogar bis zu der monumentalen ›Historia de la fábula greco-latina‹, die F. RODRÍGUEZ ADRADOS in den Jahren 1979 bis 1987 publizierte. Das wichtigste Ergebnis dieser Bemühungen sind freilich nicht die von den Fabelforschern vorgetragenen Thesen über Quellen bzw. Vorstufen der erhaltenen Texte – denn hier ist, wie bei der Besprechung der einzelnen Fabelbücher jeweils kurz gezeigt werden soll, viel allzu gewagte Spekulation im Spiel –, sondern die erfreuliche Tatsache, daß wir heute von allen Fabelbüchern textkritische Ausgaben besitzen, die modernen Ansprüchen genügen. Freilich stellt nur eine von ihnen eine wirklich hervorragende Editionsleistung dar: die Babrios-Ausgabe von LUZZATTO/LA PENNA (1986), die auf der zu ihrer Zeit ebenfalls die anderen Fabeleditionen übertreffenden Babrios-Ausgabe von O. CRUSIUS (1897) fußt. Aber auch A. GUAGLIANONES ›Phaedrus‹ (1969), sein ›Avian‹ (1958) und G. THIELES ›Aesopus Latinus‹ (1910) darf man jeweils als entscheidenden Fortschritt gegenüber den Ausgaben der Vorgänger bezeichnen. Und demjenigen, der mit der ›Collectio Augustana‹ arbeiten möchte, steht ein aufgrund sehr sorgfältiger Sichtung der Handschriften konstituierter Text zur Verfügung.

Für diese Fabelsammlung gibt es allerdings keine Standardausgabe. Das erklärt sich zum einen daraus, daß ein Editor der ›Collectio Augustana‹ aufgrund der besonderen Überlieferungslage verpflichtet ist, zusammen mit den Fabeln der antiken Sammlung diejenigen der auf ihr basierenden byzantinischen Sammlungen herauszugeben, zum anderen aus der unterschiedlichen Bewertung der einzelnen Handschriften der drei Sammlungen durch die drei Editoren E. CHAMBRY, A. HAUSRATH und B. E. PERRY. Sie hat dazu geführt, daß jede der drei Ausgaben einen speziellen Vorzug

gegenüber den beiden anderen hat, weshalb man, wenn man genauere Untersuchungen zum „Aesopus Graecus" anstellen will, auf keine der drei Ausgaben verzichten darf:
1. CHAMBRY (1925), der neben den Fabeln der *recensio Augustana* auch diejenigen der *Vindobonensis* und der *Accursiana* ediert, hat zwar Fehler beim Differenzieren zwischen den drei Klassen gemacht, aber er verzeichnet im Gegensatz zu den beiden anderen Editoren in seinem kritischen Apparat die Textvarianten der einzelnen Kodizes innerhalb einer Klasse sehr gewissenhaft. Wir dürfen nämlich davon ausgehen, daß es sich bei diesen Textvarianten nicht jedesmal einfach um Produkte des Unverstandes von Abschreibern handelt, sondern gar nicht selten um Änderungen des ursprünglichen Wortlautes, die irgendwelche Textbearbeiter bewußt vornahmen. Daher eröffnet sich hier für Fabelforscher, die sich vornehmlich für Motivabwandlungen interessieren, ein weites Feld, und für sie ist allein die CHAMBRY-Edition ein praktikables Arbeitsinstrument.
2. HAUSRATH (1940–1956), der wie CHAMBRY die Fabeln der drei *recensiones* abdruckt, gibt den Text der ›Augustana‹-Klasse nicht zuverlässig wieder, da er die für die Konstituierung dieses Textes wichtigste Handschrift, den seit Ende des 18. Jahrhunderts verschollenen und 1928 in New York wiederentdeckten ›Codex Cryptoferratensis‹, nicht gebührend berücksichtigt. Aber seine Edition der Fabeln der beiden anderen Klassen stellt gegenüber derjenigen CHAMBRYS eine erhebliche Verbesserung dar. Der HAUSRATHsche Apparat jedoch ist nicht nur unvollständig, sondern weist überdies viele Fehler auf und ist deshalb stets mit den Apparaten CHAMBRYS und PERRYS zu vergleichen (was freilich nicht leicht ist, da HAUSRATH in seiner deutschtümelnden Geringschätzung der Arbeiten des französischen und des amerikanischen Gelehrten u. a. keine Bedenken trug, andere Handschriftensiglen zu verwenden als sie).
3. PERRY (1952) ist es immerhin geglückt, eine textkritisch höchste Anforderungen erfüllende Ausgabe der 231 Fabeln der ›Augustana-Sammlung‹ (= Nr. 1–231 seiner ›Aesopica‹) sowie der 13 Fabeln der *recensio* Ia (= Aes. 232–244) vorzulegen. Bei ihm

wiederum fehlen aber die in der ›Collectio Vindobonensis‹ und der ›Accursiana‹ überlieferten Paralleltexte; lediglich diejenigen Fabeln der beiden Sammlungen, zu denen es in der ›Augustana‹ keine Entsprechung gibt, nahm er in seine Edition auf (= Aes. 245–273).

Alles in allem ist also jeder, der griechische und lateinische Fabeln in der Originalsprache zu lesen versteht, mit durchaus brauchbaren Ausgaben versorgt. Nicht besonders gut sind dagegen diejenigen gestellt, die sich auf Übersetzungen verlassen müssen, vor allem dann, wenn sie wissen wollen, was genau in einem Fabeltext der ›Augustana-Sammlung‹ steht. Bezüglich der Fabelbücher des Phaedrus, Babrios, Avian und des ›Aesopus Latinus‹ ist die Lage besser als beim „Aesopus Graecus", da sie – z. T. sogar öfter als einmal – in mehrere moderne Sprachen übersetzt wurden. Speziell die Verdeutschungen der drei Versfabelbücher sind jedoch mit Vorsicht zu benutzen, da es sich bei ihnen ausschließlich um metrische Übertragungen handelt, denen eine Wiedergabe des Originalwortlautes nicht immer möglich ist. Es empfiehlt sich daher, bei der zweisprachigen Lektüre der Fabeln des Phaedrus, Babrios und Avian die englischen Prosaübersetzungen der Loeb-Editionen von PERRY (1965) und DUFF (1934) zum Vergleich heranzuziehen.

Die bis jetzt vorliegenden Übersetzungen von Fabeln der ›Augustana-Sammlung‹ sind fast alle in ihrem Wert erheblich eingeschränkt, weil nicht PERRYS Ausgabe, die den besten Text bietet, als Vorlage gewählt wurde; lediglich der englische ›Aesop‹ von L. W. DALY (1961 a) stellt eine rühmliche Ausnahme dar. Dagegen fußt die einzige deutschsprachige Fabelausgabe, die alle 231 Fabeln der ›Collectio Augustana‹ enthält, diejenige von J. IRMSCHER (1978), auf HAUSRATHS unzuverlässiger Edition dieser Texte. Noch schlechter steht es um die Übersetzungen von L. MADER (1951) und H. C. SCHNUR (1978): MADER, der immerhin 145 der eben genannten 231 Fabeln verdeutscht hat – man muß sie allerdings sehr mühsam mit Hilfe eines unübersichtlichen Fundortnachweises identifizieren –, verwendete ebenfalls den HAUSRATH-Text, aber nur das erste Faszikel dieser Ausgabe (= CFA Nr. 1–181), da ihm das zweite noch nicht vorlag; für die im ersten Faszikel fehlenden

Fabeln griff er auf Chambry (1927) und die vollkommen veraltete Aesopica-Edition von K. Halm (1852) zurück, und Schnur, dem nicht nur die komplette Hausrath-Ausgabe, sondern auch der Perry-Text zur Verfügung stand, übersetzte sogar nur nach Halm.

Daß diese nun schon rund 150 Jahre alte Ausgabe immer noch von Fabelforschern als Textgrundlage benutzt wird, ja daß man nach wie vor mit Vorliebe ihre Nummern zitiert, zeigt m. E. besonders deutlich, in was für einem desolaten Zustand sich die moderne wissenschaftliche Auseinandersetzung mit der antiken Fabel befindet. Gewiß, das schmale Teubner-Bändchen ist ausgesprochen handlich, die an den Überschriften der Fabeln orientierte alphabetische Anordnung der Texte erleichtert das Auffinden einer bestimmten Fabel ungemein, und der Editor druckte ganz redlich alle griechischen Aesopica ab, die er entdeckte, darunter sogar viele der außerhalb der Fabelbücher überlieferten Fabeln. Aber er entnahm die Texte den älteren Ausgaben, statt die Handschriften direkt einzusehen. Obwohl ihm dies im Falle des wichtigen cod. Monac. gr. 564 der Münchner Hofbibliothek bequem möglich gewesen wäre (denn er war Direktor dieser Bibliothek), zog er es vor, die in der Handschrift enthaltenen Fabeln, die in seiner Ausgabe die *recensio Augustana* repräsentieren, nach der Editio princeps J. G. Schneiders von 1812 abzudrucken – doch Schneider hatte einfach eine Abschrift des Münchner Kodex herausgegeben, die im 18. Jahrhundert von Ernestine Reiske, der Frau des Lessing-Freundes J. J. Reiske, angefertigt worden war! Wie gesagt, das Gebiet „antike Fabel" ist ein Trümmerfeld, aber ein wichtiger Schritt zu seiner Räumung wäre es, künftig nicht mehr auf Halm zu verweisen; in der vorliegenden Einführung wird dies jedenfalls konsequent vermieden.

Eine von mehreren Erklärungen dafür, daß die Klassische Philologie sich bis heute so wenig um die Erforschung der antiken Fabel gekümmert hat, dürfte darin liegen, daß es nicht einmal eine befriedigende Gesamtdarstellung gibt. Denn die vier großen Monographien – Hausraths RE-Artikel (1909 und 1938. S. Josifovićs Nachtragsartikel [1974] ist wertlos; er wimmelt nämlich von Fehlern und Naivitäten, die u. a. durch mangelhafte Kenntnis der Forschungsliteratur bedingt sind) und die umfangreichen Bücher von M. NØJGAARD (1964–1967), F. RODRÍGUEZ ADRADOS (1979–1987) und S. JEDRKIEWICZ (1989) – sind eigentlich nur für denjenigen verständlich, der sich bereits intensiv mit der Materie befaßt hat, da diese Gelehrten jeweils eine bestimmte These, die ihnen ganz speziell am Herzen liegt, zum beherrschenden Thema ihrer Ausführungen machen und darüber die Pflicht der systematischen und zugleich übersichtlichen Information eines breiten literaturwissenschaftlich interessierten Publikums vernachlässigen. Als Einführungen wirklich zu empfehlen sind lediglich drei Abrisse einer Gesamtdarstellung, in denen zwar auch Schwerpunkte gesetzt werden, hier aber in ausgesprochen anregender Weise:

1. O. CRUSIUS (1913) wirft erstmals die Frage nach den politischen, sozialen und ökonomischen Voraussetzungen für die Entstehung der Gattung „Fabel" auf. Zwar ist seine Antwort, wie noch gezeigt werden soll, allzu einseitig, aber der Aufsatz inspirierte zahlreiche Forscher innerhalb und außerhalb der Klassischen Philologie zu weiterem Nachdenken über dieses Problem.
2. B. E. PERRY (1959) liefert den bisher wohl überzeugendsten Versuch einer Definition der Gattung.
3. K. GRUBMÜLLER (1977) gibt einen glänzenden Überblick über die Geschichte der Gattung in der Antike (S. 48–67).

Es scheint mir bezeichnend für die gegenwärtige Forschungslage, daß die bei weitem gelungenste dieser drei Gesamtwürdigungen der antiken Fabel, diejenige GRUBMÜLLERS, nicht aus der Feder eines Altphilologen, sondern aus der eines Germanisten stammt. Und noch bezeichnender finde ich es, daß allein der Germanist es für notwendig hält, in einer Übersicht über die wichtigsten mit der Erforschung der antiken Fabel zusammenhängenden Fragen auch das Thema „Textinterpretation" anzusprechen. Geradezu erschütternd ist aber m. E. die Tatsache, daß GRUBMÜLLER nur auf einen einzigen Altphilologen verweisen kann, der sich statt mit den Quellen und Vorstufen der erhaltenen griechischen und römischen Fabeln mit ihnen selbst beschäftigt: M. NØJGAARD.

Die Monographie des dänischen Gelehrten wurde soeben unter denjenigen Gesamtdarstellungen der antiken Fabelliteratur genannt, die dem in diesem Bereich nicht über Spezialkenntnisse verfügenden Leser nur schwer zugänglich sind. Und das ist in der Tat bei NØJGAARDS zwei stattlichen Bänden über ›La fable antique‹ in besonders hohem Maße der Fall. Denn das Hauptanliegen NØJGAARDS ist eine mehr als minuziöse strukturalistische Analyse der Fabeln der ›Augustana-Sammlung‹ sowie der Versfabelbücher des Phaedrus und Babrios. Diese Interpretationsmethode führt, da die Gedankengänge meist in einer an philosophische Abhandlungen erinnernden Weise sehr theoretisch sind und das verwirrende Netzwerk einer ausgeklügelten Terminologie darübergelegt ist, immer wieder dazu, daß der Wald über den Bäumen aus den Augen verloren wird; selten hat dabei eine Fabel das Glück, als Ganzes analysiert zu werden (z. B. ›Wolf und Lamm‹ [Aes. 155; Ph. I 1; Ba. 89], II, 12–14 oder ›Löwe und Hirsch‹ [Ba. 95], II, 322–326). Auch ein gutwilliger Leser muß also sehr viel Geduld aufbringen, wenn er sich durch die über 1000 Seiten NØJGAARDscher Abstraktionen hindurcharbeiten will. So mancher Fabelforscher dürfte jedenfalls vorzeitig aufgegeben haben, denn außer in den Monographien von RODRÍGUEZ ADRADOS und JEDRKIEWICZ, die aber wieder fast ganz den Prinzipien der historischen Textbetrachtung verpflichtet sind, trifft man in der nach 1967 erschienenen Forschungsliteratur zur antiken Fabel nur selten auf Spuren einer Benutzung der Arbeit NØJGAARDS, geschweige denn auf eine Auseinandersetzung mit seinen Thesen; bereits die Rezensenten des Buches gaben ja mehrheitlich unverhohlen zu erkennen, daß ihnen die Lektüre keinen allzu großen Spaß gemacht hatte.

Das alles ist freilich sehr bedauerlich, denn eines muß nun doch in aller Deutlichkeit gesagt werden: Dem Dänen ist nicht nur als einzigem unter den Gelehrten, die sich mit antiken Fabeln beschäftigt haben, eine angemessene Würdigung der literarischen Bedeutung dieser Texte gelungen, sondern er gehört auch überhaupt zu den wenigen Altphilologen, die sich darum bemüht haben, die griechisch-römische Erzählliteratur in Anwendung einer modernen Interpretationsmethode wirklich als Literatur zu rezipieren, statt sie als Tummelplatz für quellenpositivistische Spekulationsübungen zu benutzen. Speziell die Kapitel in Nøjgaards Buch, in denen er Form und Gehalt der Fabeln der ›Augustana-Sammlung‹ auf das scharfsinnigste analysiert, gehören zum Besten, was eine verhältnismäßig kleine Gruppe von Altphilologen bisher auf dem Gebiet der Interpretation narrativer Texte hervorgebracht hat.

Es sind daher in erster Linie Nøjgaards Erkenntnisse, an die die vorliegende Einführung in die antike Fabelliteratur anknüpft. Auch sie will nämlich den Leser vor allem mit den Texten bekannt machen und ihm zu zeigen versuchen – wenn auch mit weit weniger Aufwand an Gelehrsamkeit als in dem Buch des Dänen –, daß die Kunst, mit der griechische und römische Fabelerzähler die von der Aesopica-Tradition bereitgestellten Stoffe und Motive bearbeiteten, nicht weniger Aufmerksamkeit verdient als das narrative Talent der Autoren „klassischer" Texte der Erzählliteratur. Natürlich kann es nicht die Aufgabe einer Einführung sein, Einzelinterpretationen aneinanderzureihen. Aber sie tut gut daran, die literarhistorische Information, die sie auf jeden Fall zu liefern hat, in angemessener Weise mit der exemplarischen Textanalyse zu kombinieren. Die antike Fabel soll also im folgenden sowohl gattungsgeschichtlich als auch formalästhetisch betrachtet werden, wobei die Ausführungen, in denen von der historischen Entwicklung des Genos die Rede ist, im wesentlichen auf Perrys besonnenen Überlegungen zu diesem Thema fußen.

Otto Crusius, der Schüler Erwin Rohdes, der auf dem Gebiet der Erforschung der antiken Fabel in ähnlicher Weise Wegbereiter war wie sein Lehrer auf dem Gebiet des antiken Romans, hat in seiner Besprechung der vorhin erwähnten Erstlingsarbeit Hausraths von 1894 (Wochenschr. f. Klass. Phil. 12, 1895, 169–173) sehr treffend formuliert, warum die antiken Kleinformen des Erzählens es wert sind, gründlich untersucht zu werden: „Novellen und Fabeln spielen in der Weltlitteratur etwa dieselbe Rolle, wie das Getreide im Weltverkehr". Es ist das wichtigste Anliegen dieser Einführung in das Gebiet „antike Fabel", auch den Klassischen Philologen der Gegenwart die schlichte Wahrheit, die in dem zitierten Satz steckt, bewußtzumachen.

1. FABELN ALS EXEMPEL IN DICHTUNG UND PROSA

1.1 Griechische Literatur

1.1.1 Archaische und klassische Zeit

Das älteste aus der Antike überlieferte Zeugnis einer theoretischen Erörterung über die literarische Gattung „Fabel" findet sich in der ›Rhetorik‹ des Aristoteles (384–322 v. Chr.): Im 20. Kapitel des II. Buches (1393 a 23–94 a 18) behandelt der Philosoph die beiden in einer Rede bei der Beweisführung gebräuchlichen Beweismittel, das Beispiel (παράδειγμα) und das rhetorische Schlußverfahren (ἐνθύμημα), wobei er zwei Arten von Beispielen nennt, die Erzählung eines historischen Ereignisses und die fiktionale Erzählung, und dem zweiten Typus die beiden Erzählformen „Gleichnis" (παραβολή) und „Fabel" (λόγος) zuordnet. Um dann das rhetorische Argumentieren mit einer Fabel zu exemplifizieren, berichtet Aristoteles kurz, wie der Chorlyriker Stesichoros (um 600 v. Chr.) und der Fabelerzähler Äsop (1.H. 6.Jh.; s.u. S.17) versucht hätten, eine politische Entscheidung ihres Demos Himera bzw. Samos zu beeinflussen, indem sie einen auf die jeweilige Entscheidungssituation anwendbaren λόγος vortrugen.

In der Geschichte der griechischen Fabel, soweit sie uns heute noch erkennbar ist, markiert die Aristoteles-Stelle den ersten wichtigen Einschnitt. Denn das nächstjüngere gattungshistorische Testimonium, das wir haben, berichtet von der Publikation einer Aesopica enthaltenden Buchrolle durch den Staatsmann und Philosophen Demetrios von Phaleron (ca. 350–280 v. Chr.), bei der es sich, wie noch näher gezeigt werden soll (s. u. S. 24ff.), sehr wahrscheinlich um das erste Fabelbuch der griechisch-römischen Antike handelte. Somit stehen die Äußerungen des Aristoteles über die Beispielfunktion der Fabel am Ende des ersten Entwicklungsstadiums dieser Erzählform, in dem sie ausschließlich als Mittel zum Zweck benutzt wurde, als Exempel in irgendeinem literarischen Zusammenhang, wie er z. B. durch rhetorisches Argumentieren hergestellt werden konnte.

Aus dem ersten Abschnitt der Geschichte der griechischen Fabel besitzen wir außer den beiden von Aristoteles zitierten λόγοι noch weitere Texte ganzer Fabeln sowie Anspielungen auf Fabeln. Da ihre Zahl nicht sehr groß ist und sich aus der Betrachtung dieser Texte grundlegende Erkenntnisse über den Ursprung der Gattung und einige ihrer typischen Merkmale ableiten lassen, geben wir eine kurze Übersicht über die Fundstellen:

1. Fabeln und Fabelfragmente:

– Hesiod (um 700), Werke und Tage 202–212: ›Nachtigall und Habicht‹ (= Aes. 4a);

– Archilochos (um 650), Epoden frg. 172–181 West: ›Adler und Fuchs‹ (~ Aes. 1); frg. 185–187 West: ›Affe und Fuchs‹ (~ Aes. 81);

– Semonides (7. Jh.), Iamben frg. 8 und 9 West: ?›Reiher und Bussard‹ (= Aes. 443); frg. 13 West: ?›Adler und Mistkäfer‹ (~ Aes. 3);

– [Anonymus], Skolion (Ende 6./Anf. 5. Jh.) frg. 9 p. 474 Page: ›Schlange und Krebs‹ (~ Aes. 196);

– Aischylos (525/24–456), Myrmidonen frg. 139 Radt: ›Getroffener Adler‹ (= Aes. 276a); Agamemnon 717–736: ›Junger Löwe‹ (nicht in Aes.);

– Sophokles (496–406), Aias 1142–49: ›Maulheld‹ (nicht in Aes.); 1150–58: ›Schadenfroher‹ (nicht in Aes.);

– Herodot (ca. 485–425), Historien I 141: ›Tanzende Fische‹ (= Aes. 11a);

– Aristophanes (ca. 445–386), Wespen 1401–05: ›Äsop und Hund‹ (= Aes. 423); 1427–32: ›Sybarit‹ (= Aes. 428); 1435–40: ›Sybaritin‹ (= Aes. 438); Vögel 471–475: ›Haubenlerche‹ (= Aes. 447);

– Xenophon (ca. 430–355), Memorabilien II 7, 13f.: ›Schaf und Hund‹ (= Aes. 356a);

– Platon (427–347), Phaidon 60 B–C: ›Freude und Leid‹ (= Aes. 445); Phaidros 259 B–C: ›Zikaden‹ (= Aes. 470);

– Aristoteles (384–322), Meteorologika 356b 11–17: ›Äsop und Fährmann‹ (~ Aes. 8); Historia animalium 619a 17–20: ›Adler‹ (= Aes. 422);

Politika 1284a 15–17: ›Löwen und Hasen‹ (= Aes. 450); Rhetorik 1393b 10–22: ›Hirsch, Pferd und Mensch‹ (= Aes. 269a); 1393b 22–94a 1: ›Fuchs und Igel‹ (= Aes. 427).

2. Anspielungen auf Fabeln:

Solon (ca. 640–560) frg. 11 West (→ Aes. 142); Theognis (Mitte 6. Jh.) 347f. (→ Aes. 133); 602 (→ Aes. 176); Simonides (556–468) frg. 9 Page (→ Aes. 425); Timokreon (1. H. 5. Jh.) frg. 3 Page (→ Aes. 17); Aischylos, Ag. 355–361 (→ Aes. 282); Aristophanes, We. 1446–48 u. Friede 129f. (→ Aes. 3); Vö. 651–653 (→ Aes. 1); Platon, Alkibiades I 123A (→ Aes. 142); Aristoteles, De partibus animalium 663a 35–63b 3 (→ Aes. 100).

In den folgenden Fällen ist nicht sicher, ob die Fabel erzählt oder ob nur auf sie angespielt wurde:

Ps.-Homer, Margites (7. Jh.?) frg. 5 West (nicht in Aes.); Ibykos (Mitte 6. Jh.) frg. 61 Page (→ Aes. 458); Timokreon frg. 8 Page (→ Aes. 425).

Die Tatsache, daß die älteste uns erhaltene Fabel bei Hesiod steht (Werke und Tage 202–212), verheißt, wenn wir jetzt die Frage nach den vorgriechischen Ursprüngen der Gattung stellen, von vornherein eine einigermaßen sichere Antwort. Denn Hesiod verwendet seine kurze Erzählung vom Habicht, der einer in seinen Krallen wehklagenden Nachtigall erklärt, wie unklug Widerstand gegen einen Stärkeren sei, in einem didaktischen Epos als Exempel im Zusammenhang mit Ausführungen über das Verhältnis von Macht und Recht. Und ethische Belehrung, die sich zum Zweck der Exemplifizierung einer These u. a. der Fabel bedient, ist das Thema eines Zweiges der altorientalischen Literatur, deren Benutzung durch Hesiod man heute allgemein für sehr wahrscheinlich hält. Wir meinen die sumerisch-akkadischen Weisheitsbücher, deren ältestes uns überliefertes, ›Lehren des Šuruppak‹, bereits um 2500 v. Chr. aufgezeichnet wurde und die einen enormen Einfluß auf das Schrifttum der verschiedenen Kulturen des östlichen Mittelmeerraumes ausübten; ein besonders wichtiges Rezeptionsdokument, das Buch der Sprüche des assyrischen Hofbeamten Achikar, das man aus elf aramäischen Papyrusfragmenten des 5. Jahrhunderts v. Chr. zusammensetzen konnte, hat mit Hesiods Lehrgedicht sogar das Motiv gemeinsam, daß dem, der die sittlichen Unterweisungen formuliert, ein Unrecht widerfahren ist.

Zwar hat sich auf den sumerisch-akkadischen Keilschrifttafeln, die bisher entdeckt wurden, kein mit der Fabel Hesiods direkt verwandtes didaktisches Exempel gefunden. Aber was hier an narrativen Texten zutage trat, weist so enge motivische und formale Berührungen mit der griechisch-römischen Fabelliteratur auf, daß man Mesopotamien als die Heimat der Gattung ansehen darf. Am Beispiel des zweitältesten unter den oben aufgezählten Texten, der in einer Epode des Archilochos erzählten Fabel vom Adler, der dem mit ihm befreundeten Fuchs die Treue bricht und den Zeus auf Bitten des Fuchses dafür bestraft (frg. 172–181 West), läßt sich der Adaptationsvorgang sehr einfach nachvollziehen: Die Vorlage, deren Inhalt wir aus dem Anfang des akkadischen Etana-Epos (um 1800 v. Chr.) erschließen können, konfrontierte mit dem Adler einen „natürlichen Feind", die Schlange. Da Archilochos nun den Fabelstoff als Exempel in Invektiven gegen seinen meineidigen Schwiegervater Lykambes verwendete und sich dementsprechend mit der vom Freund verratenen Fabelfigur identifizierte, lag es nahe, daß er deren Fähigkeit zur Gegenwehr stärker betonte und deshalb die Schlange gegen den als besonders gerissen geltenden Fuchs (der wohl auch in der Fabel von Affe und Fuchs [frg. 185–187 West] für ihn stand) austauschte.

Ein weiteres Eingehen auf das Thema „orientalische Einflüsse" müssen wir uns im Rahmen einer Einführung versagen, zumal die Literatur über die babylonischen Texte längst umfangreicher ist als die über die griechische Fabel. Es sei lediglich noch darauf hingewiesen, daß das Wissen um die Verwurzelung der griechischen Fabel in der Weisheitsliteratur des Zweistromlandes bei den antiken Fabelerzählern nie ganz ausgestorben ist. Denn Babrios erklärt im Prolog zum zweiten Buch seiner Ende des 2. Jahrhunderts oder früher entstandenen ›Mythiamben‹, die Fabel sei „eine Erfindung der alten Syrer, die voreinst lebten unter Ninos und Belos" (V. 1–3). Und der unbekannte Verfasser des ins 2./3. Jahrhundert zu datierenden Äsop-Romans wählte als Vorlage für einen längeren Abschnitt seines Werkes (Kap. 101–123) das alte Achikar-Buch und setzte so den babylonischen Weisheitslehrer mit dem griechischen λογοποιός [eigentlich „Geschichtenerzähler"] Äsop gleich.

Als solcher wird der Mann, unter dessen Namen noch in der Spätantike Fabelbücher in Umlauf waren, bereits in der Mitte des 5. Jahrhunderts v. Chr. von dem Historiker Herodot bezeichnet, dessen Bericht zufolge Äsop zu Beginn des 6. Jahrhunderts als Sklave auf der Insel Samos lebte (II 134–135 = Test. 13 PERRY). Da das Zeugnis des Geschichtsschreibers aber auch schon Spuren der in den späteren Jahrhunderten in verschiedenen Kontexten immer weiter ausgesponnenen Äsop-Legende aufweist – wir werden im Zusammenhang mit der Besprechung des Buches ›Leben und Fabeln Äsops‹ auf sie zurückkommen –, darf man mit Recht zweifeln, ob der λογοποιός überhaupt als historische Persönlichkeit zu betrachten ist. Gewiß, die Griechen sahen in ihm den Archegeten der Gattung „Fabel", ja bis in byzantinische Zeit nannten sie ihn mit Vorliebe als Gewährsmann, wenn sie eine Fabel erzählten oder auf eine Fabel anspielten – von dem für uns ältesten Beleg an, dem Vers 1401 in den ›Wespen‹ des Aristophanes von 422 v. Chr., können wir das durch alle Epochen der griechischen Literatur verfolgen. Es ist auch keineswegs undenkbar, daß es in archaischer Zeit irgendwann tatsächlich einen besonders talentierten Fabelerzähler namens Äsop gab. Denn ganz sicher wurden damals die aus dem Zweistromland importierten narrativen Texte in den seltensten Fällen durch Lektüre der in einer fremden Sprache geschriebenen Weisheitsbücher rezipiert; vielmehr dürfen wir davon ausgehen, daß es nahezu ausschließlich der mündliche Vortrag war, der den Griechen vom 8. bis zum 5. Jahrhundert v. Chr. die Kenntnis ursprünglich babylonischer Fabelstoffe vermittelte. Und da sich als Rezitatoren am besten doch wohl hellenisierte Orientalen eigneten – also z. B. literarisch gebildete Bewohner kleinasiatischer Städte, die in griechische Sklaverei geraten waren –, bietet es sich eigentlich an, daß wir der Kunde von dem λογοποιός Äsop, der als Unfreier auf Samos lebte, historischen Wert beimessen.

Andererseits schwanken die Angaben über Äsops Herkunft: Neben älteren Testimonia, die ihn als Thraker bezeichnen, haben wir jüngere, die ihn aus Phrygien oder Lydien stammen lassen

(Test. 4–7 PERRY). Dem entspricht in m. E. auffälliger Weise, daß, wenn antike Autoren sich irgendwie über die Herkunft von Fabeln äußern, diese seit archaischer Zeit außer als „äsopisch" gelegentlich auch als „libysch", „ägyptisch", „karisch", „kyprisch", „lydisch", „phrygisch", „kilikisch" oder „sybaritisch" bezeichnet werden (HAUSRATH [1909] 1719–1723; Test. 85–93 PERRY), ohne daß wir erkennen können, von welchen Unterscheidungskriterien sich diese Klassifizierung herleitet. Gemeinsam haben dagegen die sieben Adjektive, die von Ländernamen abgeleitet sind, daß sie für Gebiete stehen, die in der Zeit vor dem Eroberungszug Alexanders des Großen zu orientalischen Großreichen (darunter auch Assyrien) gehörten. Und das Adjektiv „sybaritisch" verwendeten die Griechen sprichwörtlich als Synonym für „üppig, weichlich" zur Kennzeichnung einer Lebensweise, die einem gängigen Vorurteil zufolge auch für den gesamten Orient charakteristisch war. Es wäre also denkbar, daß die Äsop-Legende in einer uns nicht mehr faßbaren Weise die „Invasion" der orientalischen Fabel in Griechenland widerspiegelt und wir dementsprechend in Äsop nicht eine historische Gestalt zu sehen hätten, sondern eine Art von mythischer Personifikation: den Typ des hellenisierten orientalischen Geschichtenerzählers.

Auf gar keinen Fall dagegen ist in der Figur „Äsop" das Prinzip des Revoltierens der kleinen Leute gegen die Unterdrückung durch die Herrschenden personifiziert, wie erstmals von O. CRUSIUS in einem Aufsatz von 1913 behauptet wurde. Diese These fand zwar in der Forschung bis in jüngste Zeit viel Anklang – u. a. prägte TH. SPOERRI (1942/43) das Schlagwort vom „Aufstand der Fabel" –, doch findet sie in den 32 Fabeln, deren Existenz innerhalb der griechischen Literatur der archaischen und klassischen Epoche unsere Übersicht belegt, keine Stütze. Nur zweimal ist dort vom Verhältnis des Schwächeren zum Stärkeren die Rede: in der Fabel von Habicht und Nachtigall bei Hesiod (Werke und Tage 202–212) und in der Fabel von Adler und Mistkäfer (Aes. 3), auf die Aristophanes zweimal anspielt (We. 1446–48; Fr. 129 f.) und die vielleicht Semonides in einen seiner Iamben einfügte (frg. 13 West). Aber bei Hesiod, dessen Behandlung des Themas wir im vollen Wortlaut kennen, wird die Autorität der „Könige", denen der Dichter sein Exempel vorträgt, als solche nicht angezweifelt, sondern es wird der Appell an sie gerichtet, sich im Gegensatz zu dem Habicht nicht auf das Recht des Mächtigeren zu berufen. Zur Entstehung des Irrtums, die frühgriechische Fabel artikuliere Sozialkritik, dürfte eine von Phaedrus entwickelte Theorie über die Gattungsgenese (III prol. 33–37; s. u. S. 54) wesentlich beigetragen haben.

Charakteristisch für die in Dichtung und Prosa des 8.–4. Jahrhunderts v. Chr. angeführten Fabeln ist gerade *nicht* die Beschränkung auf eine bestimmte ideologische Aussage, sondern die Pluralität ihrer Perspektiven. Dient sie z.B. in der Weise, wie Aristoteles es an der oben S. 13 zitierten Stelle empfiehlt, als rhetorisches Beweismittel, dann kann sie im Kontext einer politischen Erörterung durchaus auch den Standpunkt eines Herrschenden verdeutlichen. Dies zeigt innerhalb der uns im Moment interessierenden Epoche der Gattungsgeschichte die Fabel ›Die tanzenden Fische‹, die König Kyros von Persien bei Herodot (I 141) zur Illustration der Lage der von ihm bedrohten ionischen Städte erzählt; ein späteres Beispiel ist die Fabel vom Aufstand der Glieder gegen den Magen, mit deren Hilfe der römische Patrizier Menenius Agrippa bei Livius (II 32, 5–12) die Plebejer zum Abbruch ihres „Streiks" bewegt. Da die thematische Vielfalt der als Mittel rhetorischen Argumentierens verwendeten Fabeln, die uns in der griechischen und römischen Literatur überliefert sind, hier nicht erörtert werden kann, geben wir wenigstens eine Liste der Fundstellen:

Sophokles, Aias 1142–58 (nicht in Aes.); Herodot I 141 (= Aes. 11 a); Aristoteles, Rhetorik 1393 b 10–94 a 1 (= Aes. 269 a u. 427); Pompeius Trogus (Ende 1. Jh. v. Chr.), Historiae Philippicae, Epitome des Justinus XLIII 4, 4 (~ Aes. 480); T. Livius (59 v.–17 n. Chr.), Ab urbe condita II 32, 5–12 (~ Aes. 130; vgl. auch Dionysios von Halikarnassos, Antiquitates Romanae VI 83, 2. 86, 3 und Plutarch [s. u.], Coriolan 6, 3); Diodor (1. Jh. v. Chr.), Bibliotheke XIX 25, 5–6 (~ Aes. 140); XXXIII 7, 5–6 (~ Aes. 31); Iosephos (37–ca. 95), Antiquitates Iudaicae XVIII 5, 174 f. (~ Aes. 427); Plutarch (ca. 46–120), Themistokles 18, 6 (= Aes. 441); Phokion 9, 2 (~ Aes. 245); Demosthenes 23, 4–6 (~ Aes. 153); Moralia 112 A–

B (= Aes. 462); 848 A–B (= Aes. 460; vgl. auch Aes. 63); Appian (2. Jh.), Bella civilia I 101 (= Aes. 471).

Hesiods schon mehrfach erwähnte Fabel, mit der für uns die Gattungsgeschichte beginnt, bildet auch insofern einen Anfang, als sie die Reihe derjenigen Fabeln eröffnet, die in der antiken Literatur als Mittel der philosophischen Argumentation verwendet werden. Innerhalb der klassischen Epoche der griechischen Literatur gehören hierher die in unserer Übersicht genannten Textstellen bei Xenophon, Platon und Aristoteles; entfernt verwandt damit sind die ebenfalls dort aufgeführten Passagen aus den Gedichten der Elegiker Solon und Theognis, der Chorlyriker Ibykos, Simonides und Timokreon sowie aus den Tragödien des Aischylos. An der Tatsache, daß sich Fabeln, die philosophische Gedankengänge illustrieren, in der Kaiserzeit auch bei Horaz, Plutarch, Lukian und Maximos von Tyros finden – Autoren also, die verschiedene Weltanschauungen vertraten –, läßt sich ablesen, daß das Exemplifizieren durch Fabeln nicht von den Anhängern einer bestimmten Schule besonders bevorzugt wurde. Wie aus den soeben angesprochenen Stellen bei Xenophon und Platon hervorgeht, erläuterte Sokrates seine Lehren offensichtlich sehr gerne mit Hilfe leicht verständlicher Exempel, wie sie die Fabeln ihm boten; da uns berichtet wird, er habe unmittelbar vor der Hinrichtung im Kerker Aesopica versifiziert (Plat. Phaid. 60D–61B = Test. 73 PERRY), dürfen wir annehmen, daß er sich Äsop, der (der Legende nach) wie er zu Unrecht wegen Religionsfrevels zum Tode verurteilt wurde, besonders eng verbunden fühlte.

Außer im Zusammenhang mit philosophischen Erörterungen erscheinen Fabeln seit den frühesten Tagen der griechischen Poesie in literarischen Gattungen, deren Autoren in irgendeiner Weise „lachend die Wahrheit sagen" und die deshalb aus moderner Sicht dem satirischen Sprechen zugeordnet werden dürfen. Das beginnt, wie unsere Liste zeigt, mit dem Homer zugeschriebenen komischen Epos ›Margites‹, den Iamben des Archilochos und Semonides sowie den Komödien des Aristophanes, setzt sich fort in den Iamben des Kallimachos (ca. 300–240) und erreicht im 2./1. Jahrhundert v. Chr. die römische Literatur, wo wir Fabeln in den

Satiren des Ennius, Lucilius und Horaz antreffen. Die der Fabel von allen diesen Autoren in mehr oder weniger starkem Maße verliehene Funktion, der Bloßstellung menschlicher Torheiten und Laster als Illustration zu dienen, übte einen unverkennbaren Einfluß auf die literarisch ambitionierten Autoren von Fabelbüchern aus: am meisten auf Phaedrus und den Verfasser der ›Augustana-Sammlung‹, aber durchaus auch auf Babrios, Avian und den ›Aesopus Latinus‹. Auch drei griechische Literaturwerke, die im Kern auf Fabelmotive zurückgehen dürften – der ›Frieden‹ des Aristophanes (→ Aes. 3), das "mock heroic epos" ›Batrachomyomachie‹ (→ Aes. 384) und der vielleicht von Lukian verfaßte ›Eselsroman‹, von dem nur die pseudolukianische Epitome ›Lukios oder Der Esel‹ erhalten ist (→ Aes. 91, 164, 179, 182) –, sind dem satirischen Genus im weitesten Sinne zuzurechnen.

Unsere bisherige Übersicht über die Möglichkeit der Verwendung von Fabeln innerhalb der verschiedenen Gattungen der antiken Dichtung und Prosa dürfte gezeigt haben, daß jeder Versuch, aus dieser Form des exemplifizierenden Erzählens eine einheitliche Wirkintention herauszulesen, auf erhebliche Schwierigkeiten stößt. Natürlich hat man sich dennoch immer wieder bemüht, eine Gattungsdefinition zu formulieren; dieses Thema nimmt in der Fabelforschung erwartungsgemäß einen ziemlich breiten Raum ein. Diejenigen allerdings, die von modernen Fabeltheorien ausgingen, hatten mit der Übertragung ihrer Begriffe auf die antiken Aesopica große Probleme. Nehmen wir etwa den Bereich der Unterscheidung von Gattungstypen: Schon in archaischer Zeit zählte man zur Fabelliteratur nicht nur wie wir heute die kurze Erzählung, die in eine lehrhafte Schlußbemerkung einer der (beiden) handelnden Personen mündet (s. u.), sondern auch die Ursprungssage („Aition"; in unserer Übersicht Ibykos frg. 61 Page, Aristoph. Vö. 471–475, Plat. Phaïd. 60 B–C u. Phaidr. 259 B–C, Aristot. Hist. an. 619 a 17–20) und den „Rangstreit"; letzterer, den wir schon in den orientalischen Weisheitsbüchern finden, ist zwar für die archaische und klassische Epoche der griechischen Literatur nicht zu belegen, wird als Fabelmotiv aber durch Kallimachos, der in seinem 4. Iambus Lorbeerbaum und Ölbaum miteinander rivalisieren läßt (frg. 194 Pfeiffer), in Anlehnung an ein „lydisches" Vorbild (V. 6–8) benutzt und dürfte deshalb auch schon vor dem 3. Jahrhundert seinen Einzug in die griechische Literatur gehalten haben.

Oder nehmen wir die Personenkonstellation: Auch hier weist die antike Fabel, gemessen an modernen Vorstellungen, nach denen „Fabeln" mit „Tierfabeln" gleichzusetzen sind, einen hohen Grad an Variabilität auf. Zwar bilden unter den 32 in unserer Liste verzeichneten Fabeln aus archaischer und klassischer Zeit diejenigen Erzählungen, in denen ausschließlich Tiere agieren, die größte Gruppe – und dies gilt dann auch für die Fabeln späterer Epochen der Antike –, aber verhältnismäßig häufig sind auch Fabeln darunter, in denen je ein Mensch und ein Tier auftreten (z. B. Aisch. Ag. 717–736 oder Aristoph. We. 1401–05, wo Äsop selbst agiert); daneben haben wir die Konstellationen „Mensch und Gegenstand" (Aristoph. We. 1435–40), „nur Menschen" (Soph. Ai. 1142–58; Aristoph. We. 1427–32; Aristot. Met. 356b 11–17 [wo wieder Äsop selbst agiert]), „Götter und Tiere" (Plat. Phaidr. 259 B–C; Aristoph. We. 1446–48 u. Fr. 129f. → Aes. 3), „nur Götter" (Aristot. part. anim. 663a35–63b3→ Aes. 100), „Personifikationen" (Plat. Phaid. 60 B–C). Versuche, die stoffliche Vielfalt der antiken Fabel in einer Gattungsdefinition zu berücksichtigen, gibt es mehrere, aber am überzeugendsten ist immer noch die Definition, die wir bei den Rhetoren Theon (1./2. Jh.) und Aphthonios (4./5. Jh.) lesen (Test. 102f. PERRY): μῦθός ἐστι λόγος ψευδὴς εἰκονίζων ἀλήθειαν [„eine Fabel ist eine fiktionale Erzählung, die eine Wahrheit abbildet", d. h. aus der sich eine in der Realität gültige Wahrheit (= Lehre) entnehmen läßt].

Angesichts der Variationsbreite der Fabelinhalte überrascht es einigermaßen, daß die äußere Form der Aesopica bereits in archaischer und klassischer Zeit ein relativ einheitliches Bild aufweist. Um so leichter aber fällt es uns dadurch, die Texte, die von den Autoren abwechselnd als αἶνος, μῦθος und λόγος bezeichnet werden – alle drei Begriffe können für „Geschichte" stehen –, als geschlossene Gruppe zu begreifen. Es gibt in den ältesten griechischen Fabeln sogar schon so etwas wie eine Formelsprache, die später der Verfasser der ›Augustana-Sammlung‹ systematisch verwenden wird. Ganz deutlich ist eine solche an der Stelle zu erkennen, wo nach Beendigung der in einen Kontext eingelegten Erzählung derjenige, der sie vorgetragen hat, seinen Zuhörern bzw. Lesern erklärt, welche Folgerung sie aus dem Exempel ziehen sollen: „So auch ihr/du ..." (οὕτω δὲ καὶ ὑμεῖς/σύ: Soph. Ai. 1147; Aristoph. We. 1432; Aristot. Rhet. 1393 b 18 f.) oder ähnlich (vgl. Aisch. Ag. 739; Soph. Ai. 1158; Xen. Mem. 7, 14; Arist. Rhet. 1393 b 31).

Sehen wir einmal ab von den in unserer Liste verzeichneten Aitien, dann stellen wir fest, daß von den 15 vollständig erhaltenen Erzählungen – in allen außer in einer (Aisch. Myrm. frg. 139 Radt) agieren zwei Personen – immerhin 9 mit einer das Geschehen kommentierenden Bemerkung enden, die von einer (bzw. der) agierenden Person gesprochen wird und aus der sich bereits die durch die Fabel exemplifizierte Lehre ableiten läßt; in mehreren Fällen besteht dieses Schlußwort aus einem Tadel des Verhaltens der anderen Person. Das vorausgehende Geschehen kann in eine Exposition und die eigentliche Handlung unterteilt sein; dann ist die Fabel insgesamt dreiteilig, was allerdings in den aus archaischer und klassischer Zeit überlieferten Texten noch selten, später dafür um so öfter der Fall ist. Oder die Fabel setzt sich einfach aus den zwei Teilen „Aktion" und „Schlußwort" zusammen.

Ein Beispiel für eine dreiteilige Fabel bietet Aristoph. We. 1435–40, ein Text, in dem das Schema offensichtlich bereits parodiert wird:

> Ἐν Συβάρει γυνή ποτε
> κατέαξ' ἐχῖνον. [Zwischenbemerkung des Zuhörers]
> Οὑχῖνος οὖν ἔχων τιν' ἐπεμαρτύρατο·
> εἶθ' ἡ Συβαρῖτις εἶπεν· 'Εἰ ναὶ τὰν Κόραν
> τὴν μαρτυρίαν ταύτην ἐάσας ἐν τάχει
> ἐπίδεσμον ἐπρίω, νοῦν ἂν εἶχες πλείονα.'

[1] In Sybaris zerbrach eine Frau *einst* einen Topf. [2] Der Topf *nun* nahm einen Zeugen und klagte. [3] *Da* sagte die Sybaritin: „Wenn du, bei der Jungfrau, statt des Zeugen dir in Eile einen Verband besorgt hättest, hättest du mehr Verstand gezeigt."

Die zweiteilige Form präsentiert sich besonders schlicht in dem Skolion [„Trinklied"] eines anonymen Dichters der Wende des

6. zum 5. Jahrhundert v. Chr., das wir deshalb als Beispiel zitieren, weil es mit einer in unseren frühen Texten nur dreimal vertretenen gnomischen Schlußbemerkung endet (vgl. Hesiod, W. u. T. 210f.; Aristoph. We. 1431):

> Ὁ δὲ καρκίνος ὧδ' ἔφα
> χαλᾶι τὸν ὄφιν λαβών·
> 'εὐθὺν χρὴ τὸν ἑταῖρον ἔμ-
> μεν καὶ μὴ σκολιὰ φρονεῖν.'

Der Krebs aber sprach so, als mit der Schere er die Schlange ergriffen hatte: „Gerade muß der Freund sein und nicht Krummes denken."

Ein einziges Mal haben wir in unseren Texten schließlich den in späteren Fabeln – besonders in der ›Augustana-Sammlung‹ – häufig anzutreffenden Fall, daß die kommentierende Bemerkung von einer Person gesprochen wird, die erst gegen Ende der Handlung in Erscheinung tritt: Aristoph. We. 1427–32 fällt ein Sybarit vom Wagen und verletzt sich den Schädel, weil er nichts vom Lenken versteht, und jemand, der das sieht, belehrt ihn darüber, daß man nur die Kunst betreiben solle, in der man sich auskennt.

So schlicht alle diese formalen Mittel des frühgriechischen Fabelerzählens sein mögen, so wichtig wird unsere Vertrautheit mit ihnen sein, wenn es gilt, die von literarisch ambitionierten Autoren für Fabelbücher verfaßten Texte, in denen die narrativen Techniken verfeinert werden, formalästhetisch zu würdigen.

1.1.2 Das hellenistische Fabelrepertorium

Zwei kurzen Notizen des Philosophiehistorikers Diogenes Laertios ist zu entnehmen, daß der Staatsmann und Philosoph Demetrios von Phaleron (ca. 350–280 v. Chr.) in einer Buchrolle äsopische Fabeln publizierte (V 81: Αἰσωπείων α') und daß es sich dabei um eine „Sammlung" von Aesopica handelte (V 80: λόγων Αἰσωπείων συναγωγαί). Da dieses Fabelbuch das älteste ist, dessen Existenz bezeugt wird, hat man sich natürlich Gedanken über Inhalt und Zweck gemacht und dabei natürlich – wie immer, wenn

Klassische Philologen es mit verlorenen Texten zu tun haben – zuviel des Guten getan: PERRY widmet dem Problem einen Aufsatz von 60 Seiten (1962), ADRADOS ein fast 90 Seiten umfassendes Kapitel seines Buches über die Geschichte der „fábula greco-latina" (1979, 421–508). Dabei wissen wir nicht einmal, wie der Begriff „Sammlung" zu verstehen ist. Stellte Demetrios lediglich Fabeltexte zusammen, die bereits schriftlich fixiert waren? Oder betätigte er sich selbst als Fabelerzähler, indem er entweder Fabeln bearbeitete, die von anderen verfaßt waren, oder mündlich tradiertes Fabelgut aufzeichnete oder neue Aesopica erfand?

Immerhin gibt es gute Argumente für die These, daß es vor den λόγων Αἰσωπείων συναγωγαί des Demetrios kein Fabelbuch gab. Zum einen ist es ganz unwahrscheinlich, daß in Griechenland schon in klassischer oder gar in archaischer Zeit Bücher entstanden, die in Prosa verfaßte narrative Texte enthielten. Denn Fiktionalität war eine Domäne der Poesie, und wenn in Prosa λόγοι „erzählt" wurden, dann waren dies Episoden in einem Werk der Historiographie, aber nicht Novellen oder Fabeln, die außer in ihrer Funktion als Mittel der Exemplifizierung eines Gedankens ausschließlich für den mündlichen Vortrag bestimmt waren. Zum anderen ist „Sammeln" eine für das geistige Leben in der Zeit des Hellenismus besonders charakteristische Tätigkeit, die sich ebenso im textkritischen Edieren älterer Literaturwerke – z. B. der frühgriechischen Lyrik – wie im Verfassen elegischer Kollektivgedichte – man denke etwa an die ›Aitia‹ des Kallimachos – äußern konnte. Wie gesagt, wir wissen nicht, ob das „Sammeln" äsopischer Fabeln durch Demetrios philologischer oder schöpferischer Natur war. Aber wenn uns berichtet wird, er habe außer diesen Texten auch Sprüche der „Sieben Weisen" und Chrien für die Veröffentlichung zusammengetragen, dann dürfen wir darin ein weiteres Indiz dafür sehen, daß die Konzeption des ersten griechischen Fabelbuches seine Idee war.

Auch hinsichtlich des Zwecks der λόγων Αἰσωπείων συναγωγαί lassen sich aus einer Betrachtung der anderen Werke des Demetrios von Phaleron und seines geistigen Umfeldes gewisse Folgerungen ziehen. Er war Schüler des Mannes, der die älteste uns überlieferte theoretische Erörterung über die Fabel schrieb: Aristoteles. Dieser nennt sie, wie oben gezeigt wurde (S. 13), in seiner ›Rhetorik‹ unter den für die rhetorische Argumentation zu Gebote stehenden Typen von Exempla, und da Demetrios selbst sich mit Problemen der Redekunst beschäftigte – u. a. verfaßte auch er eine ›Rhetorik‹ –, liegt folgende Annahme nahe: Er fügte der Theorie seines Lehrers über die Beweisführung ein für die Praxis nützliches Repertorium hinzu, dessen Inhalt er vielleicht deswegen auf Fabeln beschränkte, weil Aristoteles diese Art von Beweismittel als „für Volksreden geeignet" (δημηγορικός) bezeichnet. Ein solches Buch lasen dann nämlich nicht nur Redner, Dichter und Schriftsteller, die nach Exempeln suchten, sondern alle, die sich unterhalten und zugleich belehren lassen wollten.

Die auf PERRYS Untersuchungen zurückgehende These, daß es sich bei dem Fabelbuch des Demetrios von Phaleron um ein Promptuarium für den Gebrauch in den verschiedensten literarischen Zusammenhängen gehandelt haben dürfte, wird besonders durch die Tatsache gestützt, daß wir einen Papyrus besitzen, der, in der ersten Hälfte des ersten Jahrhunderts n. Chr. geschrieben, Fabeln in der Weise präsentiert, wie man es von einem Promptuarium erwartet: den von C. H. ROBERTS 1938 edierten Papyrus Rylands 493. Dieses Fragment eines Fabelbuches umfaßt insgesamt 157 Zeilen, von denen zwar viele zur Hälfte verstümmelt sind, die aber sehr wertvolles Textmaterial enthalten: außer dem Expositionsteil der Fabel von ›Pferd und Mensch‹ (Z. 19–34 ~ Aes. 269) fast vollständig die Fabeln ›Hirt und Schafe‹ (Z. 35–59 ~ Aes. 208), ›Herakles und Plutos‹ (Z. 75–ca. 97 ~ Aes. 111) und ›Eule und Vögel‹ (Z. 101–131 ~ Aes. 437) sowie zwei Anfänge und zwei Schlüsse nicht zu identifizierender Fabeln (Z. 55f. 72–74. 132. 153f.). Und der Vergleich sämtlicher Fabelanfänge und -schlüsse, die der Papyrus bietet – neben den vier genannten Stellen Z. 19–21. 35–37. 75f. 129–131 innerhalb der einigermaßen lesbaren Fabeltexte –, ergibt den wichtigen Befund, daß der unbekannte Redaktor der Sammlung seine „Exempla" durch stereotype Wendungen rahmt.

Bereits bei der Behandlung der Fabeln, die sich bei griechischen Autoren der archaischen und klassischen Zeit finden, hatten wir beobachtet, daß dort, wo erklärt wird, welche Lehre aus der Beispielerzählung zu ziehen sei, immer wieder formelhafte Sätze auftauchen. Eine Entsprechung dazu muß nun zwar im Rylands-Papyrus notgedrungen fehlen, da die Fabeln ja nicht mehr in einen Kontext eingebunden, sondern wie die einzelnen Gedichte einer Lyrikanthologie aneinandergereiht sind. Doch auch hier bekommen wir einen Hinweis auf das *fabula docet*, und zwar unmittelbar vor Beginn der eigentlichen Fabelerzählung durch eine der beiden stereotypen Wendungen: „[Auf Menschentyp x und y] paßt die folgende Fabel" (... ὅδε λόγος ἐφαρμόζει). Und analog dazu wird dem Schlußwort einer der handelnden Personen am Ende der eigentlichen Fabelerzählung, das, wie wir gesehen haben, das *fabula docet* implizit zum Ausdruck bringt, eine stereotype Wendung vorausgeschickt: „die Erkenntnis/Sentenz scheint er ausgesprochen zu haben, indem er sagte" (τὴν γνώμην φαίνεται εἰρηκέναι λέγων), worauf dann diese γνώμη – es handelt sich also um den Typ des „gnomischen" Schlußwortes (s. o. S. 24) – vorgetragen wird; sie lautet an der einzigen Stelle des Papyrus, wo nach der Formel noch ein ganzer Satz zu lesen ist (73f.), folgendermaßen: „So schiebt jeder, der eine Verfehlung begeht, die Schuld auf die Götter" (οὕτως ἁμαρτάνων ἕκαστος αἰτιᾶται θεούς).

Was ist also bei der Zusammenstellung von Fabeln in einem als Promptuarium dienenden Fabelbuch geschehen? Zunächst einmal sind die Fabeln aus dem Kontext, in dem sie als Exempel verwendet wurden, herausgenommen worden; im Falle der ersten identifizierbaren Fabel des Papyrus, des λόγος von Pferd und Mensch, wissen wir aus den theoretischen Darlegungen des Aristoteles, wie sie einmal situativ appliziert wurde (Rhetorik 1393b 10–22 = Aes. 269a). Ihrer alten Funktion, der Illustration einer lehrhaften Aussage zu dienen, wurden die Fabeln jedoch nicht beraubt, sondern es wird durch „Überschriften" zu den einzelnen Fabeltexten angezeigt, welchen Gedanken man durch sie verdeutlichen kann. Diese „Überschriften", die die Gattungsterminologie als „Promythien" bezeichnet, hat der Schreiber des Rylands-Papyrus besonders hervorgehoben, indem er ihre Anfangsbuchstaben aus der Textkolumne herausragen ließ.

Es liegt auf der Hand, daß eine solche Form der Darbietung von Fabeln sich für den Gebrauch durch Redner, Schriftsteller und Dichter gut eignete. Denn sie fanden darin nicht nur das Textmaterial, sondern auch eine Art von „Stichwortregister". Ihren speziellen Bedürfnissen wird auch entgegengekommen sein, daß der Stil der Fabeln des Papyrus denkbar schlicht ist und der Erzähler sich im wesentlichen auf eine Inhaltsangabe beschränkt: Nur eine solche benötigt ja, wer nach einer zu einem bestimmten Thema passenden Fabel sucht, und je knapper das *argumentum* ist, desto mehr Freiheit hat er, die Fabel inhaltlich und formal auf sein Thema auszurichten. Unter den im nächsten Abschnitt zu behandelnden griechischen Autoren der Kaiserzeit, die Fabeln als Exempla verwendeten, werden wir z. B. einem Verfasser von „Sittenpredigten" begegnen, der eine im Text des Rylands-Papyrus stehende Fabel, den λόγος von der Eule und den Vögeln, zweimal auf ganz verschiedene Weise nacherzählt hat: Dion von Prusa (Rede 12, 7–8 = Aes. 437 und Rede 72, 13–16 = Aes. 437a).

Aber ehe wir zu ihm und seinen Zeitgenossen übergehen, halten wir das Ergebnis des vorliegenden Abschnittes fest: Die Geschichte des antiken Fabelbuches beginnt mit dem hellenistischen Fabelrepertorium, das ohne jeden Anspruch auf literarischen Eigenwert Verfassern von Reden und Literaturwerken Fabeln als Gebrauchstexte bequem zur Verfügung stellte. Als „Erfinder" dieses Buchtyps hat allem Anschein nach Demetrios von Phaleron zu gelten; einen Eindruck davon, wie seine λόγων Αἰσωπείων συναγωγαί ausgesehen haben könnten, gibt uns das im Papyrus Rylands 493 überlieferte Fragment eines in der ersten Hälfte des 1. Jahrhunderts n. Chr. geschriebenen Fabelbuches. Daß ein Text dieser Art nicht nur als Promptuarium benutzt wurde, sondern auch den uns aus der Kaiserzeit erhaltenen Fabelbüchern als Quelle diente, dürfen wir, wie noch gezeigt werden soll, vermuten, bewegen uns damit aber an der Grenze zur Spekulation. Denn bereits überschritten wäre diese, wenn wir uns mit der Frage auseinandersetzen würden, ob – wie PERRY vermutet – das Fabelbuch, dessen Reste uns der Papyrus erkennen läßt, mit dem Fabelbuch des Demetrios identisch ist. Zudem würden wir, wenn wir das täten, uns über Gebühr mit einem verlorenen Text beschäftigen. Und gerade dies will ja die vorliegende Einführung in die antike Fabel soweit wie möglich vermeiden.

1.1.3 Kaiserzeit

In der griechischen Literatur des 1.–4. Jahrhunderts n. Chr., die den Rahmen für das im folgenden Dargelegte liefert, finden wir Fabeln, soweit sie nicht in Fabelbüchern zusammengetragen sind, wieder als Exempla in verschiedenen Kontexten und – wohl in Fortsetzung einer für uns nicht mehr faßbaren älteren Praxis – als Übungsstücke im Unterricht der Rhetorenschule. Was die Autoren betrifft, die Fabeln als Beispiele verwenden, gehören sie fast alle der neosophistischen Gelehrtenbewegung an. Diese verlangte von ihren Anhängern als Grundlage für jede Art von höherer Bildung solide Kenntnisse in der Rhetorik, woraus sich erklärt, daß Rhetoren als Schulleiter, Fest- und Wanderredner im Zentrum des geistigen Lebens der Kaiserzeit standen und jede Art von Literatur damals besonders stark von den Darstellungsmitteln der Rhetorik geprägt war. Das gilt für die philosophische und wissenschaftliche Erörterung ebenso wie für die fiktionale Erzählung, die alle sogar die Form der Rede annehmen bzw. einen Teil von ihr bilden konnten.

Gelehrte Vorträge dieses Typs, in denen Fabeln erzählt werden, sind uns von sechs Autoren überliefert: Dion von Prusa (ca. 40–120), Maximos von Tyros (ca. 125–185), Aelius Aristeides (129–ca. 189), Himerios (ca. 310–380), Libanios (314–ca. 393) und Themistios (ca. 317–388). Unter ihnen ist die für die Geschichte der Fabel interessanteste Gestalt Dion von Prusa, da er sich mit Äsop gewissermaßen identifiziert: In seiner 72. Rede, in der er von seiner Rolle als eines von Zuhörern umschwärmten Philosophen spricht – er führte ja mehrere Jahre das Leben eines stoisch-kynischen Wanderpredigers –, nennt er in einer Reihe Sokrates, Diogenes, die „Sieben Weisen", Äsop sowie sich selbst. Dabei betont er freilich, daß er und die anderen Philosophen seiner Zeit mit den großen Weisheitslehrern nicht zu vergleichen seien, und erzählt in diesem Zusammenhang die „äsopische" Fabel von der Eule, die von den anderen Vögeln wegen ihrer Klugheit bewundert wird (Rede 72, 13–16; vgl. Dions andere Version der Fabel in Rede 12, 7–8).

Indem Dion hier Äsop in die Nähe der „Sieben Weisen" rückt, berührt er sich nicht nur mit dem unbekannten Verfasser der fiktionalen Äsop-Vita, deren Erscheinen er vielleicht noch erlebte, sondern auch mit seinem etwa gleichaltrigen Zeitgenossen Plutarch: Dieser Autor läßt in einer seiner Schriften den λογοποιός am „Gastmahl der Sieben Weisen" – so der Titel des Werks – teilnehmen und dort zu Füßen eines der Weisen, des athenischen Staatsmannes Solon (ca. 640–560 v. Chr.), auf einem Schemel sitzen. Daß Plutarch sich intensiv mit Äsop und äsopischen Fabeln beschäftigte, darf man außer aus dem ›Gastmahl‹ sowohl aus der Tatsache folgern, daß sich unter seinen nicht auf uns gekommenen Werken μύθων βιβλία γ' [= 3 Bücher Fabeln?] befanden, als auch daraus, daß er in mehrere seiner erhaltenen Schriften Fabeln eingelegt hat: In den ›Moralia‹, Abhandlungen und Dialogen mit überwiegend popularphilosophischer Thematik, zähle ich 23 Stellen, an denen Plutarch Fabeln erzählt, paraphrasiert oder auf Fabelmotive anspielt, und weitere 8 in den Biographien (s. o. S. 19f.); immerhin 11 von diesen Fabeln (= Aes. 433, 434, 440, 441, 446, 449, 453, 460, 462, 467, 468) kennen wir nur von ihm, so daß anzunehmen ist, daß er sie entweder in einem uns nicht überlieferten Fabelbuch gelesen hatte oder nach „äsopischem" Vorbild selbst schuf.

Da es einer (noch zu schreibenden) Spezialuntersuchung vorbehalten sein muß, ausführlich zu zeigen, wie kaiserzeitliche Schriftsteller des griechischen Sprachraums mit Fabeln umgingen, begnügen wir uns damit, denjenigen unter ihnen, der der bedeutendste und zugleich wirkungsmächtigste ist, etwas näher zu betrachten: Lukian von Samosata (ca. 120–180). Bei diesem Autor fällt auf, daß ein großer Teil der auf Fabeln Bezug nehmenden Passagen seiner Werke aus Anspielungen besteht, die so knapp gehalten sind, daß sie beim Leser gewisse Kenntnisse im Bereich der griechischen Fabelliteratur voraussetzen; wenn z. B. Ikaromenipp in dem gleichnamigen Dialog erklärt, er habe seine Hoffnung, zum Himmel aufsteigen zu können, u. a. darauf gestützt, daß „Äsop" von „Adlern und Käfern, ja sogar von Kamelen" erzählt, denen dies gelungen sei (Kap. 10), wird auch in der Antike nicht jeder gewußt haben, daß die Fabeln ›Adler und Mistkäfer‹ (Aes. 3) und ›Kamel und Zeus‹ (Aes. 117) gemeint sind. Vielleicht darf man also aus dieser Art des „Zitierens" schließen, daß Lukian und seine Leser bereits das aus dem Äsop-Roman und der ›Augustana-Sammlung‹ zu rekonstruierende Buch ›Leben und Fabeln Äsops‹ kannten, das, wie wir noch sehen werden, Mitte des 2. Jahrhunderts schon existiert haben könnte (s. u. S. 83). Weder Lukian noch andere Autoren der Kaiserzeit, die Fabeln als Exempel verwenden, erwähnen dieses Werk; sie nennen allenfalls „Äsop" als Gewährsmann, was aber ganz einfach auf mündliche Erzähltradition oder ein Fabelrepertorium zielen kann. Doch eine Besonderheit haben Lukians Schriften allein mit dem Äsop-Roman und der ›Augustana-Sammlung‹ gemeinsam: die Vorliebe für witzige Satire und beißenden Spott.

Diese Gemeinsamkeit äußert sich z. B. darin, daß sowohl im Äsop-Roman und in der ›Augustana-Sammlung‹ als auch bei Lukian häufig der Unterschied zwischen Schein und Sein aufgedeckt wird; in den Fabeln, die der Samosatenser erzählt bzw. dem kundigen Leser kurz in die Erinnerung ruft, erscheint das Motiv viermal:

1. In seiner längsten Version der Fabel, in der Momos, die Personifikation des Tadels, die Schöpfungen von drei Göttern bemäkelt (Aes. 100), beschränkt Lukian sich auf die Wiedergabe der Kritik an dem Werk des Hephaistos, dem Menschen: an dessen Brust fehlten Fenster, die einen Blick in die Seele gestatteten (Hermotimos 20; vgl. Nigr. 32; VH II 3).

2. Zweimal erwähnt Lukian die Fabel vom Esel, der, unter einer Löwenhaut verborgen, die Menschen erschreckt (Fischer 32; Ausreißer 13 = Aes. 188).

3. Im ›Pseudologistes‹ (Kap. 5) wird auf die Dohle angespielt, die sich mit fremden Federn schmückt (Aes. 101).

4. Besonders witzig wird im ›Fischer‹ (Kap. 36) die Fabel von den tanzenden Affen erzählt, die, hier erstmals belegt, vielleicht von Lukian selbst (in Anlehnung an Aes. 50 und 107?) erfunden wurde (= Aes. 463; vgl. Greg. Nyss., Prof. Christ., pp. 131–3 J.); um wenigstens ein Beispiel für eine in der Kaiserzeit als Exempel verwendete Fabel zu geben, zitieren wir den Text in der Übersetzung von Wieland (in der Bearbeitung von H. Floerke):

„Man erzählt, einem gewissen König von Ägypten sei einst die Laune angekommen, Affen den Waffentanz zu lehren. Die Affen, da es ihnen leicht ist, alle menschlichen Handlungen nachzumachen, lernten auch so gut, daß sie bald imstande waren, sich mit ihrer Kunst, in Purpurröcken und mit Masken vor dem Gesicht, auf öffentlichem Schauplatze sehen zu lassen. Wie sie nun, zu großem Vergnügen aller Zuschauer, im besten Tanzen begriffen waren, fiel es einem Spaßvogel ein, eine Handvoll Nüsse, die er eben bei sich hatte, unter sie zu werfen. Auf einmal war der Tanz vergessen, die Affen wurden aus Kriegstänzern wieder die Affen, die sie waren, balgten und bissen sich miteinander um die Nüsse herum, und in wenig Augenblicken waren die Masken zerknickt, die Kleider zu Fetzen zerrissen, und der Affentanz hatte unter großem Gelächter der Zuschauer ein Ende."

Die Aufdeckung des Unterschieds zwischen Schein und Sein dürfte auch in den verlorenen ›Metamorphosen des Lukios von Patrai‹, der Vorlage von Apuleius' ›Goldenem Esel‹, eine wichtige Rolle gespielt haben. Da es als möglich gelten darf, daß Lukian die ›Metamorphosen‹ verfaßte, verdient es in unserem Zusammenhang erwähnt zu werden, daß sich in der unter Lukians Werken überlieferten Epitome des Romans (›Lukios oder Der Esel‹) mehrere Motive finden, die offensichtlich auf Fabeln zurückgehen (vgl. die Übersicht bei H. VAN THIEL, Der Eselsroman, Bd. I, München 1971, 184–186). Und einige von diesen Fabeln stehen auch in der ›Augustana-Sammlung‹, davon eine, ›Esel und Gärtner‹ (Aes. 179), nur dort.

Am Ende unserer Betrachtung der als Exempel verwendeten Fabeln werfen wir noch einen kurzen Blick auf die Methode, anhand deren Redner und Schriftsteller der Kaiserzeit in jungen Jahren beim Rhetor hatten lernen können, wie man Fabeltexte als Mittel der Argumentation einsetzt.

Wenn in den ›Vögeln‹ des Aristophanes jemand mit den Worten getadelt wird „Du bist ungebildet und nicht weltläufig und hast nicht den Äsop gebüffelt" (V. 471: ἀμαθὴς γὰρ ἔφυς κοὐ πολυπράγμων, οὐδ' Αἴσωπον πεπάτηκας), dann dürfen wir daraus schließen, daß bereits im 5. Jahrhundert v. Chr. Fabeln im schulischen Elementarunterricht in irgendeiner Weise behandelt wurden. Doch Lehrbücher, aus denen wir erfahren, wie dabei vorgegangen wurde, besitzen wir erst aus dem 1.–5. Jahrhundert n. Chr.: Sie stammen von den Rhetoren Theon von Alexandria (1./ 2. Jh.), Hermogenes (ca. 160–225), Aphthonios (4./5. Jh.) und Nikolaos von Myra (geb. ca. 430). Hinzu kommt eine kurze Notiz in der ›Institutio oratoria‹ [„Ausbildung des Redners"] Quintilians (ca. 35–100), der zu entnehmen ist, daß man in römischen Schulen der Kaiserzeit ähnlich verfuhr wie in griechischen (I 9, 2 = Test. 97 PERRY). Außerdem besitzen wir Fabeltexte von Schülerhand auf Wachstafeln, die im 3. Jahrhundert in Palmyra beschrieben wurden (Tabulae Assendelftianae in Leiden), und auf Papyrusbruchstücken des 1./2.–5. Jahrhunderts (P. Mich. 457; P. Oxy. 1404; P. Amherst II 26; P. Grenfell II 84).

Die Beschäftigung mit Fabeltexten war Teil der „Progymnasmata", propädeutischer Exerzitien in der Rhetorenschule, die von den vier genannten Autoren in Lehrbüchern mit ebendiesem Titel beschrieben wurden (vgl. die einschlägigen Stellen bei PERRY [1952], Test. 101–104). Danach waren Fabeln die ersten literarischen Texte, die die Schüler kennenlernten: Sie übten an ihnen zunächst das Schreiben nach Diktat – dies bezeugen die Wachstafeln aus Palmyra –, das Auswendiglernen und das Nacherzählen, von dem uns die etwas unbeholfene Wiedergabe des Inhalts der Fabel ›Der Fleisch tragende Hund‹ (Aes. 133) in lateinischer Sprache in P. Oxy. 1404 (3. Jh.) eine Vorstellung gibt. Ferner waren Fabeln zu Beginn der *praeexercitamenta* Gegenstand von grammatischen und metrischen Etüden; bei der in P. Grenf. II 84 überlieferten Version des λόγος vom Mörder (Aes. 32) handelt es sich offensichtlich um den Versuch eines ägyptischen Pennälers des 5./6. Jahrhunderts, eine Versfabel in Prosa aufzulösen. Schließlich dienten Fabeln auch als Vorlagen für Übersetzungsübungen, wie außer den gleich näher zu betrachtenden ›Hermeneumata‹ des Ps.-Dositheus die fehlerhafte Latinisierung von Ba. 16 und 17 in der Bilingue des P. Amh. II 26 (3./4. Jh.) zeigt; von den Bemühungen eines wohl schon dem Kindesalter entwachsenen Römers, Griechisch zu lernen, vermittelt der (leider sehr fragmentarische) Text der Fabel von der Schwalbe und den Vögeln (Aes. 39) im P. Mich. 457 (1./2. Jh.) einen Eindruck.

Auf einer höheren Stufe der nach einem ausgeklügelten Aufbausystem organisierten Progymnasmata waren Stil, Inhalt und Applikationsmöglichkeit der Fabel Thema der Exerzitien: Der Text wurde entweder durch sorgfältige Charakterisierung der handelnden Figuren und Ausmalen der Szenerie erweitert oder auf den Kern seiner Aussage reduziert. Auf das Endziel all dieser Übungen, das Erreichen der Fähigkeit, eine Fabel in einer Rede effektvoll zur Illustration eines Gedankens zu verwenden, arbeiteten die Schüler dann in Etüden hin, die vom *fabula docet* ausgingen: Es galt, ein historisches Ereignis zu finden, das zu der von der Fabel ausgedrückten Lehre paßte, oder aus der Fabelhandlung eine andere Lehre als die vorgegebene zu entwickeln. Oder – und das war dann wohl die schwierigste Aufgabe – die angehenden Redner sollten einen Lehrsatz zur Basis für das Erzählen einer ganz neuen Fabel machen.

Bei diesen rhetorischen Progymnasmata erfreuten sich die ›Mythiamben‹ des Babrios anscheinend besonderer Beliebtheit. Denn von ihm stammen 11 der insgesamt 14 Fabeln, die wir auf den Wachstafeln aus Palmyra lesen. Außerdem finden sich unter den 16 Fabeln, die in einem fälschlich unter dem Namen „Dositheus" (4. Jh.) überlieferten Schulbuch des frühen 3. Jahrhunderts mit dem Titel ›Hermeneumata‹ stehen, 9 Fabeln, denen sehr wahrscheinlich Fabeln des Babrios als Quelle dienten (1–3, 6, 7, 9, 11, 14, 16), und weitere 3, die auf verlorene Mythiamben dieses Dichters zurückgehen dürften (10, 12, 15). Die Fabeltexte des Ps.-Dositheus bilden zusammen das 4. Hauptstück einer insgesamt 12

Hauptstücke umfassenden lateinischen Sprachlehre für Griechen, die dem Lernenden zunächst ein griechisch-lateinisches Wörterbuch und dann eine Reihe von kurzen, einfachen Texten in beiden Sprachen als Übungsstoff vorlegen. Anders als in modernen Bilinguen, in denen jeweils vollständige Texte einander gegenübergestellt sind, werden diese hier „häppchenweise" dargeboten, indem immer auf ein Wort oder eine Wortgruppe des griechischen Originals die lateinische Entsprechung folgt; z. B. lautet der Anfang der berühmten Fabel von Rabe und Fuchs (Aes. 124): Κοραξ · τυρον · αρπασας *Coruus · caseum · rapuit* | και · επανω · δενδρου *etsuper arborem* | πετασθις · εκαθισεν *uolans sedit* (GOETZ [1892] 43 = Ps.-Dos. 9).

Da der unbekannte Verfasser der ›Hermeneumata‹ die griechischen Fabeltexte mit Rücksicht auf die Bedürfnisse eines die Sprache erst erlernenden Schülers sehr schlicht formulierte, ist nicht anzunehmen, daß er seine kleine Sammlung in eine Reihe mit den Fabelbüchern literarisch ambitionierter Erzähler gebracht wissen wollte. Etwas Derartiges bezweckte wohl ebensowenig der Rhetor Aphthonios mit den 40 von ihm geschriebenen Fabeln, die er vermutlich ganz einfach als Beigabe zu seinen ›Progymnasmata‹ publizierte. Auch hier lieferte Babrios die Vorlagen für einen Großteil der Texte; bei 24 Fabeln ist es ziemlich sicher (3, 5, 9, 11, 13, 16, 25, 29, 36, 43, 44, 72, 77, 79, 93, 103, 108, 109, 120, 122, 137, 139, 140, frg. 21 Luzz.), bei weiteren wahrscheinlich. Zwar sind Fabeln, die nicht viel mehr bieten als eine Inhaltsangabe (vgl. z. B. Nr. 26 mit Ba. 108), mit solchen vereint, die durchaus lebendig erzählt sind (vgl. z. B. Nr. 29 mit Ba. 77), aber dieses Nebeneinander entspricht ganz dem Nebeneinander der Anweisungen zum Straffen und Erweitern der Fabeln in den ›Progymnasmata‹. Man darf also auch die 40 μῦθοι des Aphthonios zu denjenigen griechischen Fabeltexten rechnen, die in erster Linie dem literarischen und rhetorischen Usus der Exemplifizierung bestimmter Darlegungen durch Fabeln ihre Entstehung verdanken – zumindest solange bis eine Spezialuntersuchung zu den bisher kaum beachteten Texten etwas anderes herausgefunden hat.

1.2 Römische Literatur

Seine Wiedergabe der Fabel vom Aufstand der Glieder gegen den Magen, die der römische Patrizier Menenius Agrippa den revoltierenden Plebejern vorträgt, leitet Livius mit den Worten ein: „... in der altertümlichen und derben Redeweise von damals soll er ... dies erzählt haben" (II 32,8: *prisco illo dicendi et horrido modo ... hoc narrasse fertur*). Zu Recht ist P. L. SCHMIDT (1979) der Ansicht, mit dieser auktorialen Bemerkung artikuliere der Historiker, der in der klassischen Epoche der römischen Literatur schreibt, seine Distanzierung von einer Redepraxis, die es zuläßt, daß politisches Argumentieren nicht durch die *exempla maiorum*, sondern durch eine infantile Fabel verdeutlicht wird. Dem entspricht es, wenn Quintilian in seiner ›Institutio oratoria‹ erklärt, Fabeln pflegten vornehmlich Bauern und Ungebildete in ihrem Willen zu lenken, die naive Zuhörer erfundener Geschichten seien und voll Vergnügen leicht auch dem, was ihnen Genuß bereitet, zustimmten (V 11, 19 = Test. 98 PERRY: *fabellae ... ducere animos solent praecipue rusticorum et imperitorum qui et simplicius quae ficta sunt audiunt, et capti voluptate facile iis, quibus delectantur, consentiunt*).

Kein Wunder also, daß die Stellen innerhalb der römischen Literatur, an denen Dichter und Prosaiker einen Gedanken durch Erzählen einer Fabel oder Anspielen auf ein Fabelmotiv illustrieren, rasch aufgezählt sind:

– Ennius (239–169 v. Chr.), Satiren frg. 21–58 Vahlen: ›Haubenlerche‹ (~ Aes. 325);
– Lucilius (gest. ca. 102 v. Chr.), Satiren frg. 1074–81 Krenkel: ›Löwe und Fuchs‹ (~ Aes. 142);
– Catull (ca. 87–54 v. Chr.), Gedichte 22, 21 (→ Aes. 266);
– Horaz (65–8 v. Chr.), Satiren II 1, 64 (→ Aes. 188); 3, 186 (→ Aes. 394?); 299 (→ Aes. 266); 314–320: ›Frosch und Rind‹ (~ Aes. 376); 5, 55f. (→ Aes. 124); 6, 79–117: ›Stadtmaus und Landmaus‹ (~ Aes. 352); Oden I 16, 13–16 (→ Aes. 240); Briefe I 1, 73–75 (→ Aes. 142); 3, 18–20 (→ Aes. 101); 7, 29–33: ›Fuchs mit Blähbauch‹ (~ Aes. 24); 10, 34–41: ›Pferd und Mensch‹ (~ Aes. 269a); 20, 14–16 (→ Aes. 186);

– Pompeius Trogus (Ende 1. Jh. v. Chr.), Historiae Philippicae, Epitome des Justinus XLIII 4, 4: ›Gebärende Hündin‹ (~ Aes. 480);
– Livius (59 v.–17 n. Chr.), Ab urbe condita II 32, 5–12: ›Magen und Glieder‹ (~ Aes. 130);
– Seneca d. J. (ca. 4–65), De otio I 3 (→ Aes. 142);
– Fronto (ca. 100–170), Briefe p. 152 van den Hout: ›Weinstock und Steineiche‹ (nicht in Aes.);
– Apuleius (geb. ca. 125), Praefatio zu De Deo Socratis IV 108–111: ›Rabe und Fuchs‹ (~ Aes. 124);
– Gellius (geb. ca. 130), Noctes Atticae II 29, 3–16: ›Haubenlerche‹ (~ Aes. 325).

Immerhin finden sich Fabeleinlagen nicht selten innerhalb einer Gattung, als deren „Erfinder" die Römer gelten: der Verssatire. Lange bevor Horaz mit seiner Version der Geschichte von Stadtmaus und Landmaus einen der berühmtesten Fabeltexte der Antike schuf, erzählte Ennius die Fabel von der Haubenlerche, aus der noch im 2. Jahrhundert n. Chr. Gellius zwei Verse zitiert; sie enthalten die Überleitung von der Erzählung zum *fabula docet* und verraten die Bekanntschaft des Dichters mit der griechischen „so auch du ..."-Formel (s. o. S. 23):

Hoc erit tibi argumentum semper in promptum situm:
Ne quid exspectes amicos quod tute agere possies.

Dies soll dir eine Lehre sein, die dir stets vor Augen steht: daß du nichts erwartest von den Freunden, was du selbst machen kannst.

Die bis auf diese zwei Schlußverse verlorene ennianische Fassung der Fabel von der Haubenlerche erwähnt Gellius erst, nachdem er seine eigene Version des „apologus" vorgetragen und unmittelbar darauf betont hat, man könne hier nicht mehr und nicht weniger lernen als aus thematisch verwandten philosophischen Erörterungen. Wir haben keinerlei Anlaß zu der Annahme, Gellius paraphrasiere einfach den Ennius-Text und entnehme ihm sogar Formulierungen; wieder einmal steckt also quellenpositivistisches Wunschdenken dahinter, wenn Herausgeber und Übersetzer der ›Saturae‹ des Ennius ebenso wie Editoren von Fabelanthologien stets den zwei eben zitierten Versen den Text der Erzählung des Gellius vorausschicken und so den Eindruck erwecken, als handle es sich dabei um ein „Ennius-Fragment".

Es war wohl Lucilius, der erstmals Angriffe auf persönliche Widersacher zum Gegenstand von Verssatiren machte und so die Gattung u. a. in die Tradition der griechischen Iambendichtung stellte. Deshalb wüßten wir gerne, ob er seine Version der Fabel von Löwe und Fuchs in ähnlicher Weise innerhalb einer Invektive als Exempel benutzte, wie Archilochos es mit der Fabel von Adler und Fuchs tat (s. o. S. 16). Horaz freilich läßt Spott über Zeitgenossen an den Stellen seiner Satiren und Episteln, wo er Fabeln erzählt oder auf Fabelmotive anspielt, nur noch leise anklingen; z. B. warnt er (Briefe I 3, 15–20) einen Plagiator namens Celsus mit freundlichen Worten vor dem Schicksal der Krähe, die sich mit fremden Federn schmückte. Als Mittel der popularphilosophischen Argumentation verwendet er dagegen die in den uns überlieferten Texten erstmals bei Aristoteles zu lesende Fabel von Pferd und Mensch (Briefe I 10, 34–41 ~ Aes. 269a).

Es fällt auf, daß drei von den insgesamt vier Fabeln, die Horaz als ganze erzählt, im Zusammenhang mit Reflexionen des Dichters über sein Verhältnis zu seinem Patron Maecenas erscheinen. Wird vielleicht sogar hier die durch das Medium „Fabel" gegebene Möglichkeit genutzt, auch Wahrheiten, die für den Leser bzw. Hörer unangenehm sind, verhüllt zum Ausdruck zu bringen? In dem direkt an Maecenas gerichteten Brief I 7, in den Horaz die Fabel vom Fuchs mit dem Blähbauch eingefügt hat (V. 29–33), ist verhaltene Kritik am Gönner auf Schritt und Tritt vernehmbar. Aber wie steht es mit dem Kontext der Fabel in Satire II 3, wo es eher so aussieht, als verspotte Horaz sich selbst? Er läßt sich dort von seinem Dialogpartner eine Reihe von Vorwürfen machen, darunter auch diesen (V. 312–320):

> *an, quodcumque facit Maecenas, te quoque verum est,*
> *tanto dissimilem et tanto certare minorem?*
> *absentis ranae pullis vituli pede pressis*
> *unus ubi effugit, matri denarrat, ut ingens*
> *belua cognatos eliserit: illa rogare,*
> *quantane? num tantum, sufflans se, magna fuisset?*

> *'maior dimidio.' 'num tanto?' cum magis atque*
> *se magis inflaret, 'non, si te ruperis', inquit,*
> *'par eris.' haec a te non multum abludit imago.*

Oder ist, was auch immer Maecenas tut, auch für dich richtig, der du ihm dermaßen ungleich bist und viel zu klein, dich mit ihm zu messen? Als die Jungen eines Frosches, der abwesend war, vom Huf eines Kalbs zertreten worden waren und ein einziges entflohen war, erzählt es der Mutter, wie ein ungeschlachtes Riesentier die Brüder totgedrückt habe. Jene fragt: 'Wie groß?' Ob es *so* groß gewesen sei, fragt sie, sich aufblähend. 'Um die Hälfte größer.' 'Etwa *so* groß?' Als sie sich mehr und mehr aufblies, sagte der Kleine: 'Nie wirst du ihm gleichen, und wenn du dich zerplatzt.' Dieses Bild paßt nicht schlecht zu dir.

Ist das wirklich nur Selbstironie? Oder zielt der Spott auch ein wenig auf Maecenas, der ja ein „Sich-Aufblasen" des Dichters in gewisser Weise erwartet? Denn ganz ohne das geht es nicht bei der vom Gönner gerne gesehenen Verherrlichung des Augustus, die freilich nur ein Teil der Poesie des sich gerne von der Welt zurückziehenden Dichters ist.

Daß auch Horazens Version der Fabel von Stadtmaus und Landmaus (II 6, 79–117) versteckte Kritik an Maecenas enthält, haben die Rezipienten aller Zeiten in ihrem Entzücken über die Kunst der Genreschilderung, die sich in diesen Versen offenbart, stets übersehen. Dabei hätte es sie stutzig machen müssen, daß gerade hier gegen ein Gattungsgesetz verstoßen wird: Fabeln pflegen mit Rücksicht auf die Lehre, die man aus ihnen ziehen soll, alles, was „nicht zur Sache gehört", wegzulassen. Außerdem ist an der Präsentation der als Exempel verwendeten Fabel auffällig, daß nicht wie sonst auf die Erzählung das zum *fabula docet* überleitende „so auch..." (vgl. Briefe I 10, 39: *sic*) folgt, sondern Fabel und Satire mit dem Schlußwort der Landmaus enden.

Nun, die Lehre scheint auch ohne auktoriale Bemerkung klar: „Auf dem Land lebt sich's sicherer als in der Stadt." Aber ist diese Allerweltsweisheit allein das Fazit eines Gedichts, das von dem heiklen Thema „Verhältnis Patron-Klient" seinen Ausgang nahm? Es liegt doch wohl näher zu vermuten, daß wir nach dem Schlußwort der Landmaus stillschweigend ein „sic et ego..." des Dichters ergänzen sollen, durch das er sich selbst mit dem *mus rusticus* und Maecenas mit dem *mus urbanus* gleichsetzt: „So finde auch ich, der aus einer Landstadt stammende Sohn eines Freigelassenen, das Leben, das du in Rom in nächster Nähe der Mächtigen des Reiches führst, zu gefährlich." Ein besonders deutlicher Hinweis darauf, daß die Stadtmaus mit Maecenas zu identifizieren ist, liegt m. E. in den Versen, die sie genau in der Mitte der Fabel spricht: Wenn sie dort zur sinnvollen Nutzung der kurzen Spanne des Erdendaseins durch ein Genußleben auffordert (V. 94–97), dann entspricht das einem Pseudo-Epikureismus, wie man sich ihn als Lebensphilosophie eines Maecenas sehr gut vorstellen kann. Insgesamt aber sind alle derartigen Bezüge zur Realität durch das Gewand der Fabel so gut verdeckt, daß weder Maecenas noch sonst jemand daran Anstoß nehmen konnte. Im ersten Abschnitt des nächsten Kapitels werden wir es mit einem römischen Fabeldichter zu tun haben, der ebenso wie Horaz die Kunst der Tarnung beherrschte, aber dennoch mit seinen Oberen Schwierigkeiten bekam.

Die einzige Untersuchung, die sich speziell mit den in griechischen und römischen Texten als Exempla verwendeten Fabeln auseinandersetzt, die Dissertation von KARADAGLI (1981), bietet nicht viel mehr als eine Aneinanderreihung ausgewählter Textbeispiele (z. T. mit Übersetzung).

Mit den Anfängen der griechischen Fabel in archaischer und klassischer Zeit befassen sich THIELE (1908), NØJGAARD (1964–1967) I 442–463, ADRADOS (1979–1987) I 381–420, LASSERRE (1984), WEST (1984) und JEDRKIEWICZ (1987), mit den orientalischen Ursprüngen der Gattung SMEND (1908), DIELS (1910), PERRY (1959) 25–28, LA PENNA (1964), NØJGAARD (1964–1967) I 433–441, PERRY (1965) XXVIII-XXXIV, KOEP (1969) 136–138, ADRADOS (1979–1987) I 301–379, BURKERT (1984) 110–114, FALKOWITZ (1984) und OETTINGER (1992).

Zu Hesiods Fabel vergleiche man besonders DALY (1961b), LIVREA (1970) und WEST (1978) 3–15. 204–209, zu den Fabeln bei Archilochos BOWRA (1940), ADRADOS (1964), WEST (1974) 132–134, WEST (1979), JANKO (1980) und WEST (1982), zu den Fabeln bei Aischylos ADRADOS (1965) und DAVIES (1981), zu den Fabeln bei Aristoteles ZINATO (1989). Die Testimonia über das Leben Äsops verzeichnet PERRY (1952) 211–229, untersucht werden sie von HAUSRATH (1909) 1707–18, CHAMBRY (1927) IX-

XVII, BIRCH (1955), PERRY (1965) XXXV-XLVI, HOLBEK (1977), ADRADOS (1979–1987) I 286–298, WEST (1984), JEDRKIEWICZ (1989) 41–68 und BRODERSEN (1992). Die sozialhistorische Interpretation der frühgriechischen Fabeln ist Thema der Arbeiten von CRUSIUS (1913), SPOERRI (1942/43), MEULI (1954; vgl. PERRY [1957]), LA PENNA (1961), GUAL (1977) und P. L. SCHMIDT (1979) 79 f.; ohne jeden wissenschaftlichen Wert ist A. DEMANDT, Politik in den Fabeln Aesops, Gymnasium 98, 1991, 397–419. Lesenswerte Beiträge zum Thema „Definition der Gattung" sind BIEBER (1906) 2–10, HAUSRATH (1909) 1704–06, HOFMANN (1922), WIENERT (1925) 5–25, PERRY (1959) 17–25, NØJGAARD (1964–1967) I 23–129, ADRADOS (1979–1987) I 17–59; typische „Formeln" der Fabelerzähler behandeln FRAENKEL (1924), PERRY (1940) 395–400, NØJGAARD (1964–1967) I 142 ff., KARADAGLI (1981) 97–139.

Überlegungen zu Inhalt und Zweck der Fabelsammlung des Demetrios von Phaleron findet man bei WEHRLI (1949) 67 f., PERRY (1953) & (1962), NØJGAARD (1964–1967) I 467 f. 477 f., ADRADOS (1979–1987) I 421–508. Der Papyrus Rylands 493, dessen Text bei ROBERTS (1938) und in CFA I 2 (p. 187–189) abgedruckt ist (in CFA nur die lesbaren Texte), wird untersucht von PERRY bei OLDFATHER (1940) 216–218, PERRY (1940) 396 f. 400 f. 409–411, ADRADOS (1952), NØJGAARD (1964–1967) I 492–508, ADRADOS (1979–1987) I 67–73; um das Fragment eines Fabelrepertoriums handelt es sich vielleicht auch bei dem im späten 2. Jahrhundert geschriebenen Pap. Köln II 64 (Editio princeps: KRAMER/HAGEDORN [1978] 56–61; vgl. auch KARADAGLI [1981] 37 f.) mit der Rede eines Mannes, der eine Aes. 480 entsprechende Fabel erzählt, worauf der erste Satz einer weiteren Fabel folgt (›Widder und Affe‹: nicht in Aes.).

Eine Übersicht über griechische Fabeln als Exempla bei kaiserzeitlichen Autoren geben BIEBER (1906) und HAUSRATH (1938) 1487–1493, über die Behandlung von Fabeln in den kaiserzeitlichen Rhetorenschulen HAUSRATH (1898) 312–314 und MARROU (1957) 252–254. Die Papyrusfragmente der von Schülerhand geschriebenen Fabeln findet man in folgenden Ausgaben: Die Tabulae Assendelftianae (Ed. pr.: HESSELING [1892/93]), soweit es sich nicht um Babrios-Texte handelt (vgl. LUZZATTO/ LA PENNA [1986] XXX), bei CRUSIUS (1897) 234 und in CFA I 2 (p. 117–119), P. Mich. 457 (Ed. pr.: SANDERS [1947]) bei ROBERTS (1957), P. Oxy. 1404 (Ed. pr.: GRENFELL/HUNT [1915]) und P. Amh. II 26 (Ed. pr.: GRENFELL/HUNT [1901]) bei CAVENAILE (1958) 117–120 (vgl. dazu IHM [1902], RADERMACHER [1902] 142–145, DELLA CORTE [1966]), P. GRENFELL II 84 (Ed. pr.: GRENFELL/HUNT [1897]) in CFA I 2 (p. 119; vgl. dazu OLDFATHER

[1929]). Die Fabeln des Ps.-Dositheus, die bei Goetz (1892) 39–47 und in CFA I 2 (p. 120–129: nur die griechischen Texte) abgedruckt sind (vgl. auch das Fragment P. S. I. 848 [Ed. pr.: 1925], Cavenaile [1958] 118), behandeln Getzlaff (1907), Nøjgaard (1964–1967) II 402 f. und Adrados (1979–1987) II 213–225, mit den Fabeln des Aphthonios, die bei Sbordone (1932) und in CFA I 2 (p. 133–151) abgedruckt sind, befaßt sich Adrados (1979–1987) II 227–242.

Eine Übersicht über Fabeln als Exempla bei römischen Autoren geben Bieber (1906) und Hausrath (1938) 1487 und 1493 f. Zu der Fabel bei Ennius vergleiche man Müller (1976), zu den Fabeln bei Horaz Della Corte (1986) und Holzberg (1991a), zu der Fabel bei Livius P. L. Schmidt (1979) 74–79 und Peil (1985).

2. VERSFABELBÜCHER

2.1 Phaedrus, ›Fabulae Aesopiae‹

Auch wenn wir nicht mit absoluter Gewißheit ausschließen können, daß Babrios früher lebte als Phaedrus, spricht doch alles dafür, daß nicht der Grieche, sondern der Römer es war, der erstmals in der Geschichte der antiken Literatur ein aus Versfabeln bestehendes Gedichtbuch verfaßte. Spezifisch römisch ist an diesem irgendwann im ersten Drittel des 1. Jahrhunderts n. Chr. erschienenen *Liber primus fabularum Aesopiarum* auf jeden Fall, daß sein Schöpfer in der Tradition der augusteischen Dichter steht, die die formale und thematische Verknüpfung von *carmina* zum „Liederkranz" einer Buchrolle zu einer in der antiken Literatur bis dahin nicht erreichten Kunst entwickelt hatten. Auf welche Weise Phaedrus in diesem Bereich seinen großen Vorbildern nacheiferte, können wir freilich nur noch ahnen, da sein insgesamt fünf Fabelbücher umfassendes Werk bruchstückhaft überliefert ist. Zwar ist die Bucheinteilung in einer der wenigen Phaedrus-Handschriften, die wir besitzen, dem ›Codex Pithoeanus‹, beibehalten, aber es handelt sich bei der Handschrift um eine Ausgabe gekürzter Fassungen der fünf *libri*. Denn vollständig können diese nicht sein, zumindest nicht Buch II–V: Sie haben zum einen nicht die sonst übliche Länge eines Gedichtbuchs – während Buch I immerhin 31 Fabeln vereint, stehen im zweiten Buch 8, im dritten 19, im vierten 26 und im fünften Buch 10 Fabeln –, zum anderen finden sich in einem Auszug aus den Büchern II–V, den der italienische Humanist NICCOLÒ PEROTTI im 15. Jahrhundert anfertigte, neben einer Reihe von Fabeln, die wir auch in Buch II–V des ›Pithoeanus‹ lesen, 32 Fabeln, die dort fehlen; wie sie über die einzelnen *libri* verteilt waren, läßt das Anordnungsprinzip der Anthologie, die wir heute ›Appendix Perottina‹ nennen, nicht mehr erkennen.

Was Buch I betrifft, muß derjenige, der die Phaedrus-Ausgabe des ›Pithoeanus‹ redigierte, auch hier mindestens eine Fabel ausgelassen haben, da Phaedrus sich in der Vorrede zu diesem Buch gewissermaßen dafür entschuldigt, daß bei ihm Bäume zu Wort kämen (V. 6) – und das ist im Text des Kodex nicht der Fall. Folgende Überlegung macht es wahrscheinlich, daß der unbekannte Epitomator Buch I um mehr als eine Fabel kürzte: In einer Fabelsammlung, die um 1025 der Presbyter ADEMAR VON CHABANNAIS im Kloster St. Martial bei Limoges abschrieb (Cod. Vossianus Lat. 8° no. 15 der UB Leiden), stehen neben Prosabearbeitungen von Phaedrus-Fabeln, die aus dem ›Aesopus Latinus‹ des 4. Jahrhunderts stammen, 30 direkt auf Phaedrus zurückgehende Fabeln, bei denen es sich nicht um Adaptationen handelt, sondern um Produkte der mechanischen Auflösung des Metrums der Fabeln. Während uns zu 19 dieser Prosaparaphrasen die Vorlagen im ›Codex Pithoeanus‹ erhalten sind, fehlen sie uns zu 11 Texten, deren phaedrianische Herkunft aber so deutlich ist, daß sie nicht in Zweifel gezogen werden sollte (4, 13, 18, 34, 35, 36, 37, 38, 43, 58, 60 = 4, 15, 22, 41, 51, 84, 53, 54, 63, 82, 92 Th. ~ Aes. 384, 352, 150, 181, 563–566, 153, 571, 137). Da nun alle erhaltenen Vorlagen der 30 Paraphrasen bei Phaedrus im I. Buch stehen, während die Vorlagen der Phaedrus-Bearbeitungen des ›Aesopus Latinus‹ über die fünf Bücher und die ›Appendix‹ verteilt sind, liegt nahe anzunehmen, daß der Paraphrast nur Gedichte des I. Buches in Prosa auflöste und somit auch die allein in seiner Version überlieferten 11 Fabeln in diesem Buch standen, das dann über 40 Fabeln in sich vereinigt hätte.

Wenn das stimmt – denkbar wäre es jedenfalls –, dann liegt uns auch das erste Buch der Phaedrus-Fabeln im ›Codex Pithoeanus‹ in erheblich verkürzter Form vor. Dennoch erlaubt uns die Anordnung der immerhin 31 Fabeln, die wir noch haben, eine gewisse Vorstellung von der Struktur des *liber primus*, also wenigstens eines Phaedrus-Buches, zu gewinnen. Zunächst einmal dürfen wir wohl davon ausgehen, daß schon in der kompletten Fassung des *liber primus* die beiden auf den kurzen Prolog folgenden Fabeln zusammen mit den beiden jetzt als Nr. 30 und 31 gezählten Fabeln den Buchrahmen bildeten. Denn sowohl Fabel 1 und 2 als auch 30 und 31 behandeln je eines der beiden innerhalb des Buches mehrfach angesprochenen Themen, „Grausamkeit des Stärkeren gegenüber dem Schwächeren" und „Verhältnis des kleinen Mannes zu den Mächtigen", wobei der auf der griechischen Vorlage des Phaedrus fußenden Fabel von Wolf und Lamm (1 ~ Aes. 155) die nur durch den Römer bekannte Fabel vom Falken und von den Tauben (31) und der auf der griechischen Vorlage des Phaedrus fußenden Fabel ›Die Frösche fordern einen König‹ (2 ~ Aes. 44) die nur durch den Römer bekannte Fabel ›Die Frösche, die den Kampf der Stiere fürchten‹ (30) zugeordnet ist. Die Beobachtung, daß hier vier Gedichte, die sich zu zwei Paaren zusammenschließen, chiastisch stehen, führt uns dann zu der Feststellung, daß es auch im Buchinneren Gedichtpaare gibt; hier sind die beiden thematisch verwandten Fabeln entweder direkt nebeneinander plaziert oder durch mehrere Fabeln getrennt, und ihr Bezugsverhältnis kann das der Analogie (z. B. 18/19 bzw. 4/20) oder der Antithese (z. B. 16/17 bzw. 5/21) sein.

Möglicherweise wollte Phaedrus durch die strukturelle Verknüpfung der zweiten und der vorletzten Fabel des I. Buches auf die strukturelle Verknüpfung des zweiten und des vorletzten Gedichtes in Horazens erstem Odenbuch anspielen: Während in Ode I 2 der Sprecher über den Bürgerkrieg klagt und sich fragt, „wem Jupiter die Aufgabe erteilen wird, den Frevel zu rächen" (V. 29f.), fordern bei Phaedrus in Fabel I 2 die Frösche, die der Fabelerzähler „Aesopus" mit den im Bürgerkrieg befindlichen Athenern gleichsetzt, von Jupiter einen König. Und während bei Horaz der Sieg Octavians über Antonius und Kleopatra bei Actium Ausgangspunkt für das Vorschlußgedicht ist, bildet diesen im Vorschlußgedicht des Phaedrus der Kampf der Stiere *de principatu*. Dafür, daß wir es hier wirklich mit Anspielungen zu tun haben, spricht die Tatsache, daß Horaz derjenige augusteische Dichter ist, an den Phaedrus sich formal und inhaltlich am stärksten anlehnt. Besonders deutlich wird das in den Prologen und Epilogen, in denen Phaedrus sein Selbstverständnis als Dichter artikuliert. Wir finden dort z. B. die programmatische Kombination des *risum mo-*

vere mit dem *consilio monere* (I prol. 3f.), die der Verbindung des *ridere* mit dem *dicere verum* und des *prodesse* mit dem *delectare* bei Horaz entspricht (Sat. I 1, 24; Ars poet. 333). Zu nennen wären auch der ausdrückliche Verzicht auf das satirische Brandmarken *(notare)* bestimmter Personen (III prol. 49f. ~ Hor. Sat. I 4, 5), das an den Patron gerichtete Gedicht, worin dessen Lebensbereich mit dem des Dichters konfrontiert wird (vgl. z. B. III prol. 1ff. mit Hor. Od. III 29), die Behauptung des Dichters, ein sehr enges Verhältnis zu den Musen zu haben (vgl. III prol. 17ff. mit Hor. Od. III 4, 1ff.), und der Anspruch auf Ruhm (III prol. 61 ~ Hor. Od. III 30, 6f.).

Bedenkt man, daß die Fabel vor dem Erscheinen der *libri fabularum Aesopiarum* noch keine literarische Gattung als solche, sondern lediglich „Mittel zum Zweck" war, muß man sich fragen, ob der römische Äsop es ernst meint, wenn er sich in seinem Dichterstolz mit einem der großen Klassiker der lateinischen Poesie auf eine Stufe stellt. Doch bevor wir eine Antwort zu geben versuchen, wollen wir uns ein Bild von der Formkunst und der Intention des Phaedrus machen.

Um zu sehen, auf welche Weise der Dichter bei der Versifizierung von Fabeln mit der Sprache und der Metrik umging, betrachten wir ein Textbeispiel, die Fabel von Rabe und Fuchs (I 13 ~ Aes. 124).

> *Qui se laudari gaudet verbis subdolis,*
> *Fere dat poenas turpi paenitentia.*
> *Cum de fenestra corvus raptum caseum*
> *Comesse vellet, celsa residens arbore,*
> 5 *Vulpes hunc vidit, deinde sic coepit loqui:*
> *„O qui tuarum, corve, pennarum est nitor!*
> *Quantum decoris corpore et vultu geris!*
> *Si vocem haberes, nulla prior ales foret".*
> *At ille stultus, dum vult vocem ostendere,*
> 10 *Emisit ore caseum, quem celeriter*
> *Dolosa vulpes avidis rapuit dentibus.*
> *Tunc demum ingemuit corvi deceptus stupor.*

Wer sich freut, wenn er durch hinterlistige Worte gelobt wird, büßt dies zumeist durch schimpfliche Reue. Als ein Rabe einen Käse, den er von einem Fenster geraubt hatte, auffressen wollte, thronend auf hohem Baume, sah ihn ein Fuchs, begann darauf so zu sprechen: „O welchen Glanz haben deine Federn, Rabe! Welche Anmut zeigst du in Gestalt und Miene! Wenn du nun noch Stimme hättest, wäre kein Vogel dir überlegen." Doch jener, dumm wie er war, ließ, während er seine Stimme vorführen wollte, aus dem Schnabel den Käse fallen, den rasch der listige Fuchs mit gierigen Zähnen raubte. Da erst jammerte auf der betrogene dumme Rabe.

Wie mehrere andere Phaedrus-Fabeln weist auch diese eine symmetrische Struktur auf: Das Promythium (1–2) und die abschließende auktoriale Bemerkung (12), die zusammen drei Verse umfassen, rahmen die Erzählung, die in drei aus wiederum je drei Versen bestehende Abschnitte geteilt ist: Auf die Exposition (3–5) folgt die aus der Rede des Fuchses (6–8) und dem durch sie ausgelösten Geschehen (9–11) zusammengesetzte eigentliche Handlung; dadurch, daß die beiden Formen von *rapere* (3 *raptum*, 11 *rapuit*) sowie die enge Verknüpfung der Verse 3/4 und 10/11 mittels Enjambement einen inneren Rahmen um die Erzählung legen, kommt die Zentrierung der Rede des Fuchses (in der drei jeweils mit dem Versende schließende Hauptsätze aneinandergereiht sind) besonders stark zur Geltung.

In der Exposition sind zwei Verse der Vorstellung des Raben, nur ein Vers der Vorstellung des Fuchses gewidmet, und dies aus gutem Grund: Um die Charakterisierung des Raben als eines eingebildeten Narren vorzubereiten, erzeugt Phaedrus den aufdringlichen Klang der c-Alliterationen (Aussprache durchgehend „k"!), für die er ein längeres Kolon benötigt; außerdem hebt er das Wort *residens* metrisch hervor: Im jambischen Senar, dem Versmaß der Phaedrus-Fabeln, erwartet man dort, wo die erste Silbe dieses Wortes steht, normalerweise eine Länge, aber der Dichter ersetzt diese durch zwei Kürzen (*rĕsĭ-*) und lenkt so die Aufmerksamkeit des Lesers speziell auf das „Thronen" des Raben. Für eine erste Charakterisierung des Fuchses als einer schnell handelnden Person genügt dagegen der eine Vers 5, der nicht zuletzt durch die v-Alliteration an Caesars berühmtes *veni vidi vici* erinnert.

Die Rede des Fuchses ist zwar kurz, aber so reich an rhetorischen Figuren, daß ihre Effizienz ohne weiteres glaubhaft ist. In V. 6 z. B. beobachten wir abbildende Wortstellung: *corve* wird von *qui tuarum* und *pennarum ... nitor*, die ein doppeltes Hyperbaton formen, in der Weise in die Mitte genommen, daß wir den Raben gewissermaßen von dem Glanz seiner Federn umgeben sehen. Und ebenso wie sich die Intensität der Schmeichelei in drei Stufen steigert, bietet die Lexik zunächst eine Steigerung von *qui* nach *quantum* und dann die Krönung der Rede durch die vier Worte *nulla prior ales foret*, von denen zwei hervorstechen: *prior* durch die metrische Unregelmäßigkeit der Doppelkürze, *ales* als primär in anspruchsvoller Dichtung verwendeter Ausdruck.

Im dritten Teil der Erzählung, in dem je eine Hälfte dem Raben und dem Fuchs gehört *(At ... caseum, quem ... dentibus)*, streicht der Dichter die schon in V. 5 angedeutete Geschwindigkeit des Fuchses im Reagieren u. a. dadurch heraus, daß er gleich dreimal eine Länge durch zwei Kürzen ersetzt *(cĕlĕriter ... ăvĭdis răpŭit)*. Die am Ende der Fabel stehende auktoriale Bemerkung ironisiert das Verhalten des Raben mit Hilfe der gewählten Formulierung *ingemuit corvi deceptus stupor* (wörtlich: „aufseufzte da des Raben betrogene Dummheit"). Denn diese spielt auf den homerischen Sprachgebrauch an – man vergleiche z. B. Odyssee XVI 476: „Da lächelte die heilige Gewalt des Telemachos" – und rückt so den Raben in die Nähe des Helden eines "mock heroic epos".

Fassen wir unsere Beobachtungen, soweit sie typische Merkmale des Stils und der Metrik des Phaedrus betreffen, kurz zusammen: Der Dichter verwendet überwiegend die Umgangssprache der Gebildeten Roms *(sermo urbanus)*, für die der jambische Senar, weil er ihr nicht allzu fern steht, das geeignete Metrum ist. Immer wieder jedoch streut Phaedrus, um komische Effekte zu erreichen, gesuchte Wendungen ein, die er, der Verfasser von „Kleinpoesie", mit Vorliebe der Diktion der „großen" Dichtung entnimmt. Er gliedert seine Fabeln sehr sorgfältig und macht ausgiebigen Gebrauch von den Stilfiguren der Rhetorik, die aber nicht, wie man früher oft behauptet hat, funktionsloser Redeschmuck sind, sondern gezielt in den Dienst der Unterstreichung des *fabula docet* gestellt werden; zum selben Zweck wird immer wieder eine Länge durch Doppelkürze ersetzt, was deshalb besonders auffällt, weil Phaedrus sich beim Bauen jambischer Senare nicht so viele Freiheiten gestattet wie die römischen Komödiendichter Plautus und Terenz.

Bei dem Text von I 13 handelt es sich um den einer Fabel, die mit Sicherheit schon lange vor dem Erscheinen der Gedichte des Phaedrus in Griechenland und Rom erzählt wurde; Beweis dafür, daß sie früher als im 1. Jahrhundert n. Chr. existierte, ist die Tatsache, daß Horaz einmal auf sie anspielt (Sat. II 5, 55 f.). Dies führt uns nun zu der Frage nach der Vorlage bzw. den Vorlagen des Phaedrus. Er selbst gibt uns gleich zu Anfang des Prologs zu seinem *liber primus* zu verstehen, daß er Prosafabeln versifizierte, denn er sagt dort, er habe „die *materia*, die *Aesopus auctor* gefunden hat, in jambischen Senaren aufpoliert". Daß Phaedrus mit diesem „Äsop" sehr wahrscheinlich ein hellenistisches Fabelrepertorium meint, wie wir es aus dem Papyrus Rylands 493 kennen, ergibt sich aus der folgenden Beobachtung PERRYS (1940): Obwohl in einem aus Versfabeln bestehenden Gedichtbuch die aus der einzelnen Fabel abzuleitende Lehre ebensogut am Schluß des Gedichtes durch ein „Epimythium" wie am Anfang durch ein „Promythium" vermittelt werden kann, bevorzugt Phaedrus im *liber primus* in auffälliger Weise das Promythium: Er verwendet es dort 25 Mal – so auch in unserem Textbeispiel (I 13, 1 f.) –, das Epimythium dagegen nur 4 Mal. Da nun aber in allen übrigen *libri* das Zahlenverhältnis einigermaßen ausgeglichen ist, dürfen wir den Schluß ziehen, daß Phaedrus ein Fabelbuch benutzte, das ebenso wie der Text des Rylands-Papyrus nur Promythien enthielt – diese liefern ja in Promptuarien das "key word" –, und daß er bei der Bearbeitung von Fabeln dieses Buches die dort vorgegebene Fabelstruktur in seinem eigenen ersten Buch immer wieder nachahmte, jedoch bereits vom zweiten Buch an das *fabula docet* häufig an das Ende der Fabel verlegte.

Mit dem zweiten Buch beginnt auch eine Serie von auktorialen Bemerkungen des Phaedrus, aus denen hervorgeht, daß er sich aus der Abhängigkeit von seinem Vorbild „Aesopus" allmählich löste; sie reichen von der im Prolog zu Buch II vorgetragenen Bitte an den Leser, er möge das Nebeneinander von „Äsopischem" und „Phaedrianischem" wohlwollend aufnehmen, bis zu der im Prolog zu Buch V stehenden Erklärung des Dichters, der Name „Aesopus" sei jetzt nur noch ein werbewirksames Etikett seiner Fabeln. Tatsächlich sind uns in den Büchern I–V der Phaedrus-Epitome des ›Codex Pithoeanus‹ und in der ›Appendix Perottina‹ außer 48 Fabeln, die auch andere antike Autoren in irgendeiner Form kennen und die deshalb schon in der Vorlage des Phaedrus gestanden haben können, immerhin 68 Fabeln überliefert, die allein Phaedrus erzählt (vgl. den Apparat bei GUAGLIANONE [1969]). Nur wenige der zur zweiten Gruppe gehörenden Fabeln dürften also solche sein, die zwar in dem von Phaedrus benutzten „Aesopus"-Buch enthalten waren, aber von keinem der übrigen uns bekannten antiken Erzähler von Aesopica bearbeitet wurden. Vielmehr war es sehr wahrscheinlich Phaedrus selbst, der die meisten von ihnen schuf, indem er entweder Motive veränderte, die er in griechischen Aesopica fand, oder sich aus Texten der verschiedensten Literaturgattungen Anregungen für das Verfassen neuer Fabeln holte.

Aus einem Fabelmotiv dürfte Phaedrus z. B. die erotische Erzählung entwickelt haben, die in der ›Appendix Perottina‹ unter Nr. 15 steht und in der wir Folgendes lesen: Eine Witwe, die sich zusammen mit der Leiche ihres Mannes in einer Grabkammer hat einsperren lassen und durch diese Demonstration ihrer Keuschheit Berühmtheit erlangt hat, erliegt den Verführungskünsten eines Soldaten, der gerade in der Nähe der Grabkammer darüber wacht, daß die Leichen gekreuzigter Verbrecher nicht von ihren Angehörigen bestattet werden; als während des Zusammenseins der Witwe und ihres Liebhabers eine der Leichen verschwindet, übergibt die Frau dem Soldaten die Leiche ihres Mannes als Ersatz. In der Forschung ist man allgemein der Überzeugung, daß dieses *fabliau* die getreue Wiedergabe einer hellenistischen Vorlage sei, die uns nicht überliefert ist. Aber das nimmt man einfach nur deswegen an, weil man Probleme mit der Vorstellung hat, Petron könne den Stoff für seine berühmte Novelle ›Die Witwe von

Ephesus‹ (Satyrica 111 f.) dem unter Altphilologen nicht als besonders geistreich geltenden Fabeldichter Phaedrus verdanken. Nun hat aber M. MASSARO (1981 a) in der Version des Phaedrus mehrere Anspielungen auf Passagen im Werk des Römers Ovid entdeckt, u. a. auf Verse der in den ›Fasti‹ erzählten Lucretia-Legende (II 721 ff.), ein *praeceptum* der ›Ars amatoria‹ (II 345–348 ~ app. 15, 20–24) sowie die von den römischen Elegikern häufig verwendeten Topoi „militia amoris" und „amator exclusus". Da Phaedrus all das offensichtlich in parodistischer Absicht „zitiert", liegt m. E. die Vermutung nahe, daß er eine Fabel, die im Äsop-Roman des 2./ 3. Jahrhunderts erhalten ist (Kap. 129), aber dort sicher nicht zum ersten Mal erzählt wird, ins römische Milieu verpflanzt und dabei das misogyne Element verstärkt hat. Er fand in der griechischen Fabel nämlich immerhin dieses: Einem Bauern werden, während er eine am Grab ihres Mannes trauernde Witwe verführt, seine Pflugochsen gestohlen.

Viele von den Fabeln, die wir nur von Phaedrus kennen, weisen einen auffälligen Unterschied zu den „Äsop"-Fabeln auf, insbesondere zu denjenigen des I. Buches: In den „Phaedriana" dominiert oft die Freude des Autors am Erzählen und drängt das didaktische Anliegen in den Hintergrund. In deutlichem Gegensatz dazu spricht aus einer ganzen Reihe von Fabeln, die Phaedrus durch Bearbeitung von λόγοι Αἰσώπειοι schuf, das Bedürfnis des Dichters, dem Leser die Augen für die Probleme zu öffnen, die entstehen, wenn ein Schwacher mit einem Starken in Konflikt gerät oder der kleine Mann es persönlich mit den Mächtigen dieser Welt zu tun kriegt. Nun können wir freilich nicht wissen, wieweit bereits der griechische „Aesopus", den Phaedrus benutzte, an diesen Problemen interessiert war. Aber mehrere Fabeln, die in der ihnen von Phaedrus gegebenen Form ein starkes sozial- und sittenkritisches Engagement verraten, besitzen wir auch in Bearbeitungen des Babrios und des Verfassers der ›Collectio Augustana‹. Und der Vergleich der drei Versionen zeigt jedesmal: Allein der Römer gibt bereits durch seine Erzählweise zu erkennen, daß er den Starken, der seine Überlegenheit gegenüber einem Schwachen ausnutzt, scharf verurteilt; allein der Römer schildert so eindringlich wie möglich, wie gefährlich es für den kleinen Mann sein kann, sich auf irgendeine Art mit Machtträgern einzulassen.

Nehmen wir als Beispiel gleich die erste Fabel des ersten Buches der ›Fabulae Aesopiae‹: Dort sucht der Wolf nach Argumenten, die ihm das Recht geben, das Lamm zu fressen, wird in einer Debatte mit diesem zwar Zug um Zug widerlegt, frißt es aber dann doch. Weder in der Version des Babrios (89) noch in derjenigen der ›Augustana-Sammlung‹ (Aes. 155) findet sich in der Darstellung des Geschehens eine einzige Formulierung des Erzählers, durch die der Wolf negativ charakterisiert und Sympathie für das Lamm geweckt wird. Außerdem endet die Fabel in der Fassung der ›Collectio Augustana‹ mit Worten des Wolfs, die nur ahnen lassen, er werde das Lamm jetzt verzehren: die Tat selbst wird also ausgeblendet. Bei Phaedrus dagegen nähert sich der Wolf dem Lamm „mit ruchlosem Schlund" (3: *fauce improba*) als „Räuber" (4: *latro*), und nach dem Wortwechsel mit dem Lamm „packt er es und zerfleischt es und begeht so einen widerrechtlichen Mord" (13: *correptum lacerat iniusta nece*), obwohl das Lamm (6: *timens* „in Angst") alle Argumente des Wolfes „durch die Kräfte der Wahrheit" (9: *veritatis viribus*; man beachte die Alliteration!) entschärfen konnte.

Ein kurzer Vergleich der phaedrianischen Versionen der Fabeln von Frosch und Rind (I 24) und Stadtmaus und Landmaus (rekonstruierbar aus Ademar-Kodex 13 = 15 Th.) mit den Fassungen des Horaz (s. o. S. 38–40) zeigt, wie negativ die Aussichten des kleinen Mannes bzw. des Armen, der sich mit einem Mächtigen bzw. Reichen auf eine Stufe zu stellen hofft, von Phaedrus beurteilt werden. Wie wir gesehen haben, endet bei Horaz die Fabel vom Frosch, der sich selbst bis zur Größe der *ingens belua* aufblasen will, damit, daß ihm gesagt wird, er werde, selbst wenn er sich bis zum Zerplatzen aufblähe, dem Rind an Größe nicht gleichkommen (Sat. II 3, 319f.). Bei Phaedrus dagegen zerplatzt der Frosch wirklich: Das ist nicht mehr die Ironie des epikureischen Weisen, sondern bitterernste Warnung vor tödlicher Gefahr. Die Gefahr, der die Landmaus in der Stadt ausgesetzt ist, sieht auch der Fabelerzähler Horaz (Sat. II 6, 111ff.). Aber allein bei Phaedrus findet sich in der Szene, in der die beiden Mäuse im Stadthaus beim Schmaus gestört werden, folgendes Motiv: Während die Landmaus in Todesangst ringsum an der Wand entlang läuft (*mortemque metuens circa* [bei Phaedrus wohl *per*] *parietes cursitat*), verkriecht sich die Stadtmaus "clever" in ihr Loch – die Reichen, die wissen sich eben zu helfen.

Fabeln wie die drei als Beispiele angeführten fordern förmlich dazu heraus, die Frage nach dem Zeitbezug des in ihnen zum Ausdruck kommenden Weltbildes aufzuwerfen. Für ihre Beantwortung benötigt man freilich gewisse Kenntnisse über die Lebensumstände des Phaedrus. Doch leider gibt es hier nur wenige gesicherte Fakten: In Griechenland geboren, wurde er Sklave des Augustus und später von dem Herrscher freigelassen. Er veröffentlichte vor dem Jahre 31 n. Chr. seine beiden ersten Bücher der ›Fabulae Aesopiae‹, die ihm irgendwie bei Sejan, dem mächtigen Prätorianerpräfekten des Kaisers Tiberius, Schwierigkeiten einbrachten. Dann publizierte er noch die *libri* III–V, die er (sonst nirgendwo erwähnten) Förderern namens Eutychus, Particulo und Philetus widmete, und dürfte in der Mitte des 1. Jahrhunderts als älterer Mann gestorben sein. Auf der Suche nach Bezügen zwischen persönlichen Erfahrungen des Dichters und seiner Art der Behandlung der von ihm ausgewählten „äsopischen" Fabelstoffe ist die ältere Forschung weit übers Ziel hinausgeschossen, indem sie daran ging, die Fabeln als verschlüsselte Texte zu lesen und so zugleich neue „Fakten" der Phaedrus-Biographie aus ihnen herauszuholen. Am weitesten wagte sich hier A. DE LORENZI (1955) vor, der in einer 214 Seiten umfassenden Monographie über den Fabeldichter abenteuerliche Spekulationen über die Lebensstationen des *libertus Augusti* vorträgt und uns damit zusätzlich zu dem antiken Äsop-Roman einen neuzeitlichen Phaedrus-Roman beschert hat. Ein solches Verfahren war freilich ebenso unergiebig für den sozialhistorischen Interpretationsansatz wie der in den sechziger und siebziger Jahren mehrfach unternommene Versuch, aus den Worten des Fabeldichters die Stimme des ehemaligen Sklaven herauszuhören und auf diesem Wege in seinen Texten den Aufruf an die Angehörigen der römischen Unterschicht zur Auflehnung gegen ihre Oberen zu entdecken. Gewiß, Phaedrus gibt an einer vielzitierten Stelle des Prologs zu Buch III eine Erklärung für die Entstehung der Gattung „Fabel", die derartige Interpretationsansätze zu rechtfertigen scheint: Der Sklavenstand [gemeint: der Sklave Äsop], der von fremder Willkür abhängig ist, habe, weil er das, was er wollte, sich nicht zu sagen getraute, seine persönlichen Gefühle in Fabeln übertragen und sei so auf spielerische Weise böswilliger Anklage durch Erfindung lustiger Geschichten entgangen (33–37). Doch nirgendwo in den Fabeln des Phaedrus wird der kleine Mann dazu ermuntert, sich gegen die Mächtigen zu erheben, im Gegenteil: Immer wieder wird ihm empfohlen, sich mit den Gegebenheiten zu arrangieren. Gleich die zweite Fabel des ersten Buches der ›Fabulae Aesopiae‹, die Geschichte von dem Verlangen der frei in ihren Sümpfen umherschweifenden Frösche nach einem König, ihrer Unzufriedenheit mit dem von Jupiter eingesetzten Balken und ihrer Furcht vor der daraufhin geschickten Wasserschlange, lehrt dieses: daß es im Falle der Neuordnung eines von anarchischen Zuständen zerrütteten Staatswesens durch einen Monarchen das kleinere Übel sei, sich ihm unterzuordnen, als einen neuen zu fordern, weil der Nachfolger ein Tyrann sein könnte, der seine Mitbürger ermordet. In diesem Sinne durchzieht der Rat zum Sich-Abfinden mit dem, was nun einmal nicht zu ändern ist, die Phaedrus-Fabeln wie ein Leitmotiv.

Neben der Anpassungsideologie im politischen und sozialen Bereich steht bei Phaedrus freilich die schonungslose Moralkritik. Zwar erklärt der Dichter, ihre Zielscheibe seien nicht einzelne Persönlichkeiten, sondern er wolle ganz allgemein „das Leben, wie es ist, und die Sitten der Menschen aufzeigen" (III prol. 50: *ipsam vitam et mores hominum ostendere*). Aber die Kritik trifft häufig – das lassen die eben angesprochenen Textbeispiele erkennen – Typen, die der besitzenden Schicht angehören. Gleich das Epimythium der Fabel von Wolf und Lamm, wonach diese wegen der Leute geschrieben ist, „die mit erfundenen Gründen Unschuldige unterdrücken" (I 1, 15), bezog in der römischen Gesellschaft des

1. Jahrhunderts eher ein Reicher auf sich als ein Armer. Und da in der Zeit, in der der Prinzipat bereits erste Züge des Dominats annahm, die Angst vor Opposition gegenüber dem System und gegenüber denjenigen, die es unterstützten, ständig wuchs, ist es nicht weiter verwunderlich, daß der eine oder andere Mächtige in Rom sich in einer der von Phaedrus bloßgestellten Charakterfiguren wiederzuerkennen glaubte und ihm deswegen, wie der Dichter es für Sejan bezeugt (III prol. 41 ff.), Schwierigkeiten bereitete. Es ist jedoch müßig, die einzelnen Fabeln nach Anspielungen auf Zeitgenossen zu durchsuchen, da wir nicht mehr erkennen können, wer sich z. B. zu denjenigen hätte rechnen können, *qui fictis causis innocentes opprimunt*. Denn sollte Phaedrus trotz seiner gegenteiligen Versicherung bei einzelnen Äußerungen der Moralkritik ganz bestimmte Personen im Auge gehabt haben, dann hat er das zweifellos so geschickt getarnt, daß man die betreffenden Leute schon zu seiner Zeit nur mit Mühe identifizieren konnte.

Ein Mittel der Tarnung sind nun m. E. auch – und damit kommen wir auf die zu Anfang des Phaedrus-Abschnittes gestellte Frage zurück – die auf den ersten Blick befremdlich wirkenden Äußerungen des Dichterstolzes. Denn die Diskrepanz zwischen dem hohen Anspruch des sich selbst in die Nähe der Augusteer rückenden Poeten und der ausschließlichen Beschäftigung mit den allgemein als anspruchslos geltenden Themen der Kleinpoesie dürfte so zu erklären sein: Phaedrus selbst rechnet damit, daß seine Leser, wenn er auf eine so paradox klingende Art die Ernsthaftigkeit seiner poetischen Botschaft hervorhebt, darüber lachen und ihn nun erst recht nicht ernst nehmen. Aber dadurch kann er die Wahrheit gewissermaßen hinter der Wahrheit verstecken. Und nur wer dieses Spiel durchschaut, erkennt, daß das, was Phaedrus in seinen Fabeln schreibt, von ähnlich hintergründiger Triftigkeit ist wie die Weisheit eines sich durch seine alberne Maske tarnenden Schalksnarren.

Über die Phaedrus-Forschung, deren Geschichte HOLZBERG (1991 b) skizziert, wurde vor dem Zweiten Weltkrieg regelmäßig berichtet (HEYDENREICH [1884–1888], DRAHEIM [1889–1925], PORT [1933–1939]), danach nur noch über die Jahre 1967–1974 von TORTORA (1975). Die beste textkritische Ausgabe ist die von GUAGLIANONE (1969; vgl. aber NØJGAARD [1972] u. ÖNNERFORS [1987]), die Prosaparaphrasen des Ademar-Kodex findet man bei THIELE (1905) & (1910) und ZANDER (1921), die auch den Originalwortlaut zu rekonstruieren versuchen. Vollständige deutsche Übersetzungen bieten SCHÖNBERGER (1975), IRMSCHER (1978; dort auch die Texte des Ademar-Kodex) und RIEDEL (1989), vorläufiger Ersatz für einen Kommentar ist die Schulausgabe von LUZZATTO (1976). Konkordanzen gibt es von CINQUINI (1905) und CREMONA (1980), zur Überlieferungsgeschichte, die ÖNNERFORS (1987) übersichtlich zusammenfaßt, sind besonders ROBERT (1893), ZWIERLEIN (1970), FINCH (1971a) & (1971b), GATTI (1979) und BOLDRINI (1988) zu vergleichen. Die besten Gesamtdarstellungen und Gesamtwürdigungen sind: DUFF (1927), SCHANZ/HOSIUS (1935), HAUSRATH (1938), PERRY (1965) LXXIII-CII, NØJGAARD (1964–1967 II 15–188, GRUBMÜLLER (1977) 52–56, CURRIE (1984), ADRADOS (1979–1987) II 125–171, RIEDEL (1989) 194–212 und JEDRKIEWICZ (1990). Sprache und Stil des Phaedrus untersuchen die Arbeiten von CRAVEN (1973), MASSARO (1979) & (1981b), PUGLIARELLO (1981–1982) und MORETTI (1982), die Metrik GUAGLIANONE (1968), KORZENIEWSKI (1970) und BARABINO (1981). Wichtige Überlegungen zur Frage, welche Vorlage Phaedrus benutzte, stellt PERRY (1940) & (1962) an, Vergleiche zwischen Phaedrus-Fabeln und anderen Aesopica findet man bei THIELE (1906–1911), WEINREICH (1931) und HAUSRATH (1936), die freilich keine sehr hohe Meinung von Phaedrus' Erzähltalent haben, sowie bei PISI (1977; vgl. dazu LUZZATTO 1979). Während DE LORENZI (1955) bei der Rekonstruktion der Vita des Phaedrus meist nur spekuliert, liefert ÖNNERFORS (1987) einen wertvollen Überblick über die gesicherten Fakten. Die Äußerungen des Phaedrus zu seinem Selbstverständnis als Dichter behandeln DAMS (1970) 96–113, LAMBERTI (1980) und KOSTER (1991), der ein wenig die wissenschaftliche Objektivität vermissen läßt. Mit Intention und Zeitbezug befassen sich CHRISTES (1979), P. L. SCHMIDT (1979) – wohl die beste Arbeit, die je über Phaedrus geschrieben wurde – und DE MARIA (1987). An Einzelinterpretationen verdienen folgende genannt zu werden: zu I 2 ZWIERLEIN (1989), I 5 TARTUFERI (1984), I 29 BERTINI (1981), III 12 SPEKKENBACH (1978), IV 26 BELLONZI (1973), app. 15 MÜLLER (1980) und der ausgezeichnete Aufsatz von MASSARO (1981a), ›Stadtmaus und Landmaus‹ (Ademar 13 = 15 Th.) HOLZBERG (1991a). Reine Spekulation ist der Versuch HEINTZES (1989), ein Grabrelief als das des Phaedrus nachzuweisen.

2.2 Babrios, ›Mythiamben‹

Ob Phaedrus sich darüber im klaren war, daß er als Verfasser „iambischer" Fabeln in gewisser Weise an Archilochos, Semonides und Kallimachos anknüpfte (s. o. S. 20), entzieht sich unserer Kenntnis. Babrios dagegen, der irgendwann zwischen dem Ende des 1. und dem Anfang des 3. Jahrhunderts seine ›Mythiamben‹ schrieb, dürfte sich zumindest an Kallimachos bewußt angelehnt haben. Denn Babrios war – wir werden weiter unten mehr dazu sagen – Hofpoet wie Kallimachos, und er legte seinen Versfabeln ein Metrum zugrunde, das erstmals, soweit wir wissen, der hellenistische Autor für Fabeln verwendet hatte: den Hinkiambus. Er ist das Versmaß der Iamben 2 und 4 des Kallimachos, in deren Zentrum jeweils eine Fabel steht, die Geschichte vom Ursprung der Geschwätzigkeit der Menschen (frg. 192 Pfeiffer = Aes. 431) und der Rangstreit zwischen dem Lorbeerbaum und dem Ölbaum (frg. 194 Pf. = Aes. 439).

Eine der beiden Fabeln hatte Babrios anscheinend sogar direkt im Auge, als er den Prolog zum ersten Buch seiner ›Mythiamben‹ dichtete. Kallimachos erzählt nämlich im 2. Iambus von einem Zeitalter, in dem die Tiere noch sprechen konnten, und ebendieses Zeitalter bezeichnet Babrios in seinem Prolog als das „goldene": Damals hätten sich alle Lebewesen miteinander unterhalten können, und Menschen und Götter hätten freundschaftlichen Umgang miteinander gehabt. Es ist also die Märchenwelt der *aetas aurea*, in der Babrios seine Fabelfiguren ansiedelt, und warum er das tut, lassen die drei letzten Verse des Prologs ahnen. Darin erklärt der Dichter dem Adressaten seiner Gedichte, einem Königssohn mit Namen Branchos (17–19):

> ὧν (sc. μύθων) νῦν ἕκαστον ἀνθίσας ἐμῇ μνήμῃ
> μελισταγές σοι νοῦ τὸ κηρίον θήσω,
> πικρῶν ἰάμβων σκληρὰ κῶλα θηλ<ύνας>.

Indem ich nun jede einzelne Fabel mit den Blüten meiner poetischen Inspiration schmücke, werde ich von Honig dir tropfen lassen die Wabe deines Geistes, dabei der bitteren Iamben harte Gangart geschmeidig machend.

Und damit ist offensichtlich dies gemeint: Während Hinkiamben früher – besonders in der archaischen Epoche der griechischen Literatur, aber bis zu einem gewissen Grade auch noch bei Kallimachos – das Versmaß der Invektive waren, begreift Babrios seine in diesem Metrum gedichteten Fabeln nicht mehr als Mittel der an die Zeitgenossen gerichteten Sozial- und Sittenkritik, sondern schafft sich durch Fabelstoffe die Grundlage für eine von aktuellen Anspielungen freie und zugleich formschöne Poesie.

In der Tat gehören die Versfabeln des Babrios zu den bedeutendsten Produkten der nachhellenistischen griechischen Dichtung. Um so bedauerlicher ist es, daß auch dieses Fabelbuch nur fragmentarisch überliefert ist: Von den 144 einigermaßen vollständig erhaltenen Fabeln, die wir in der jüngsten Ausgabe lesen (LUZZATTO/LA PENNA [1986]), stehen nur die ersten 123 in der einzigen auf uns gekommenen Handschrift, die auf eine antike Werkedition zurückgehen dürfte (= cod. A). Und in diesem Kodex – er wurde übrigens erst 1842 in einem Kloster auf dem Berg Athos entdeckt – fehlt die Mehrzahl der Fabeln des zweiten von zwei Büchern ›Mythiamben‹: etwa 80 Gedichte, von denen uns weitere Textzeugen, die Leidener Wachstafeln (s. o. S. 33), die ›Hermeneumata‹ des Ps.-Dositheus (s. o. S. 34) und zwei byzantinische Sammelhandschriften (= codd. G und V), nur 21 aufbewahrt haben. Zum Glück besitzen wir wie bei Phaedrus eine weitere Textquelle: durch Auflösung von Versen entstandene Prosafabeln. Und es ist der Babrios-Editorin M. J. LUZZATTO gelungen, aus 21 dieser Paraphrasen wenigstens Bruchstücke der Originale zu rekonstruieren, die einen gewissen Eindruck vom Umgang des griechischen Dichters mit den darin verwendeten Fabelstoffen vermitteln.

Sowohl im ›Codex Athous‹ als auch in den beiden Sammelhandschriften sind die Fabeln alphabetisch geordnet, und zwar nach ihren Anfangsbuchstaben. Man hat in der Babrios-Forschung immer wieder die Ansicht vertreten, dies könne nicht die ursprüngliche Reihenfolge der Gedichte sein, sondern sie sei das Resultat der Neuedition des Fabelcorpus durch byzantinische Schulmeister. Lediglich M. NØJGAARD (1964–1967) hat die Möglichkeit erwogen, daß die am griechischen Alphabet orientierte Strukturierung griechischer Fabelbücher ein Erbe der Antike sei: Im Zusammenhang mit seiner Besprechung der ›Collectio Augustana‹, in der die Fabeln ebenfalls in der alphabetischen Reihenfolge ihrer Anfangsbuchstaben stehen, verweist er darauf, daß bereits die Tiersprichwörter in sumerischen Sammlungen des 2. Jahrtausends nach dem Wortzeichen am Anfang der einzelnen Texte, das jedesmal für ein Fabeltier steht, gruppiert sind und daß sowohl bei Babrios als auch in der ›Collectio Augustana‹ sehr viele Fabeln mit einem (nicht mit dem bestimmten Artikel versehenen) Tiernamen beginnen (I 511–513). Aus folgendem Grunde glaubt freilich auch NØJGAARD nicht, daß die Fabeln im ›Codex Athous‹ in ihrer ursprünglichen Anordnung präsentiert werden: Hier trennt der zweite Prolog ganz willkürlich, wie der Forscher meint, eine von A bis Λ reichende Gedichtreihe von der durch M eröffneten (und im erhaltenen Text mit O abbrechenden) Fortsetzung dieser Gedichtreihe (II 351).

Zugegeben: Wenn Babrios seine Fabeln nach ihren Anfangsbuchstaben gruppierte – und das ist nach NØJGAARDS Erklärung dieses Ordnungsprinzips keineswegs unwahrscheinlich –, dann würde man eigentlich erwarten, daß in jedem der beiden Bücher der ›Mythiamben‹ das gesamte Alphabet durchlaufen wurde; die Tatsache, daß der zweite Prolog mit M beginnt, legt sogar sehr nahe zu vermuten, ein späterer Herausgeber habe aus allen Gedichten des Babrios eine alphabetische Reihe gebildet und dabei den zweiten Prolog an der „richtigen" Stelle plaziert. Aber ist nicht ebensogut denkbar, daß Babrios in voller Absicht zunächst einmal eine Buchrolle mit Fabeln füllte, deren Anfangsbuchstaben nur der ersten Hälfte des griechischen Alphabets entsprachen? Gewiß, diese erste Hälfte schließt auch M mit ein. Es ist jedoch auffällig, daß am Ende des ersten Buches des ›Codex Athous‹ neun Fabeln stehen, in denen ein Löwe agiert (95, 97–99, 102, 103, 105–107) – auffällig deswegen, weil der „König der Tiere", wie wir noch sehen werden, im Fabeluniversum, durch das Babrios die reale Welt abbildet, eine wichtige Rolle spielt. Nehmen wir also einmal an, daß Babrios das erste Buch seiner ›Mythiamben‹ ganz betont durch die mit Λ beginnenden Löwenfabeln abrundete, dann erweist sich auch M für Μῦθος [„Fabel"] am Anfang des zweiten Prologs als höchst sinnvoll: Es wäre die Initiale der durch M-Fabeln eröffneten zweiten Hälfte eines Buchpaares gewesen.

Eine Bestätigung dafür, daß unsere Hypothese das Richtige trifft, sehen wir darin, daß im ›Codex Athous‹ die alphabetische Reihenfolge keineswegs streng eingehalten ist, dagegen sehr wohl in einer der zwei byzantinischen Sammelhandschriften, in denen Babrios-Fabeln aufgezeichnet sind (cod. G), sowie in einem Kodex (= Ba), der Paraphrasen von Babrios-Fabeln überliefert (vgl. die Synopsis bei LUZZATTO/LA PENNA [1986], p. LXV-LXVII). Offensichtlich wurde hier ein „Versehen" der durch den ›Codex Athous‹ repräsentierten *recensio* des Babrios-Textes korrigiert, das gar keines war. Denn es dürfte doch der Dichter selbst gewesen sein, der sich bei der Anwendung eines aus ältester Tradition überkommenen Systems der Fabelbuchgliederung ganz bewußt bestimmte Freiheiten erlaubte. Dadurch schuf er sich die Möglichkeit, wenigstens hie und da Fabeln auch thematisch miteinander zu verknüpfen; um nur ein Beispiel zu nennen: Im ›Codex Athous‹ bilden Nr. 39 (Δε- nach Δρ-) und 40 (Διε- vor Δια-) ein Gedichtpaar, da beide Fabeln im Epimythium eine politische Lehre erteilen – das aber geschieht im übrigen Werk nur noch selten.

Babrios ist ja, wie bereits angedeutet wurde, am didaktischen Aspekt eines Fabeltextes weit weniger interessiert als an dem Erzählstoff, den dieser bietet. In zahlreichen Fabeln ist klar erkennbar, welch große Mühe der Dichter darauf verwendet hat, die Handlung geschehensnah zu schildern, die Szenerie detailliert zu beschreiben und lebensechte Charakterporträts der agierenden Personen zu malen. Da er dabei nicht selten die Gattungsgrenzen überschreitet, wirkt manche seiner Fabeln neben den von anderen Erzählern verfaßten Fabeln, die stofflich mit ihr identisch sind, wie eine kunstvoll ausgearbeitete Kurzgeschichte. Wir wollen das anhand eines Textbeispiels veranschaulichen, indem wir Babrios' Version der Fabel vom Esel, der ein Schoßhund sein will (129), mit der in der ›Collectio Augustana‹ überlieferten Fassung (Aes. 91) vergleichen. Betrachten wir zunächst den Prosatext, dessen Stil so anspruchslos ist, daß für unsere Zwecke ein Blick auf die deutsche Übersetzung genügt:

Es besaß einer einen Malteserhund und einen Esel, und er spielte andauernd mit dem Hund. Und wenn er einmal auswärts speiste, brachte er dem Hund etwas mit und warf es ihm vor, wenn dieser sich an ihn herandrängte und ihn umwedelte. Der Esel aber wurde neidisch, lief auch herbei, sprang hoch und stieß dabei seinen Herrn mit den Hufen. Und der wurde unwillig, hieß den Esel verprügeln, abführen und an seine Krippe binden. – Die Fabel zeigt, daß nicht alle für dasselbe talentiert sind.

Dieser Text weist die dreiteilige Gliederung auf, die schon in mehreren Texten der archaischen und klassischen griechischen Fabelliteratur erscheint (s. o. S. 23) und die wir auch in der phaedrianischen Version der Fabel von Rabe und Fuchs (I 13) vorfanden (s. o. S. 47): Exposition, eigentliche Handlung („Der Esel *aber* ...") und Resultat der Handlung („*Und* der ..."). Wie in dem lateinischen Text ist der dritte Teil hier nicht mit der resümierenden Bemerkung einer der agierenden Personen identisch, sondern besteht aus einem kurzen Bericht des Erzählers über die Folgen der Haupthandlung. Daran schließt sich wie in den als Exempel verwendeten Fabeln das *fabula docet* an, das, weil dieser Text nicht als Beispiel situativ appliziert wird, statt mit „So auch du/ihr ..." mit einer für ein Epimythium typischen Formel (ὁ λόγος δηλοῖ ὅτι ...) beginnt.

Sehen wir nun, wie Babrios mit dem Stoff umgeht:

Ὄνον τις ἔτρεφε καὶ κυνίδιον ὡραῖον.
<τὸ> κυνίδιον δ' ἔχαιρε παῖζον εὐρύθμως,
τὸν δεσπότην τε ποικίλως περισκαῖρον·
κἀκεῖνος <αὖ> κατεῖχεν αὐτὸ τοῖς κόλποις.
5 ὁ δ' ὄνος γ' <ἔκαμνε> νύχθ' <ὅλην> ἀλετρεύων
πυρὸν φίλης Δήμητρος, ἡμέρης δ' ὕλην
κατῆγ' ἀφ' ὕψους, ἐξ ἀγροῦ θ' ὅσων χρείη·
καὶ μὴν ἐν αὐλῇ παρὰ φάτναισι δεσμώτης
ἔτρωγε κριθὰς χόρτον, ὥσπερ εἰώθει.
10 δηχθεὶς δὲ θυμῷ καὶ περισσὸν οἰμώξας,
σκύμνον θεωρῶν ἁβρότητι σὺν πάσῃ,
φάτνης ὀνείης δεσμὰ καὶ κάλους ῥήξας
ἐς μέσσον αὐλῆς ἦλθ' ἄμετρα λακτίζων.
σαίνων δ' ὁποῖα καὶ θέλων περισκαίρειν,

15 τὴν μὲν τράπεζαν ἔθλασ' ἐς μέσον βάλλων,
ἅπαντα δ' εὐθὺς ἠλόησε τὰ σκεύη·
δειπνοῦντα δ' ἰθὺς ἦλθε δεσπότην κύσσων,
νώτοις ἐπεμβάς· ἐσχάτου δὲ κινδύνου
θεράποντες ἐν μέσοισιν † ὡς εἶδον †
20 ἐσάωσαν < – × – ∪ – ∪ – – – >
κρανέης δὲ κορύναις ἄλλος ἄλλοθεν κρούων
ἔθεινον, ὥστε καὐτὸς ὕστατ' ἐκπνείων
'ἔτλην' ἔλεξεν 'οἷα χρή με, δυσδαίμων·
τί γὰρ παρ' οὐρήεσσιν οὐκ ἐπωλεύμην,
25 βαιῷ δ' ὁ μέλεος κυνιδίῳ παρισούμην;'

Einen Esel hielt sich einer und ein hübsches Hündchen. Das Hündchen aber hatte Spaß daran, anmutig zu spielen und um den Herrn kunstreich herumzuspringen. Und der wiederum pflegte es auf seinem Schoß zu halten. Der Esel aber mühte sich die ganze Nacht ab, Korn, das Demeter liebt, zu mahlen, und tagsüber brachte er Holz von den Hügeln herab und vom Acker das, was man brauchte. Und dann fraß er im Hof, an die Krippe gefesselt, sein Gerstenfutter, wie er's gewohnt war. Erbittert aber in seinem Herzen und wehklagend mehr als sonst, als er das Hündchen sah, wie es auf jede Art verwöhnt wurde, zersprengte er Halfter und Seile, die ihn an der Eselskrippe festhielten, und lief mitten in den Hof, ungebärdig mit den Hufen ausschlagend. Herumwedelnd wie der Hund und seinen Herrn umtanzen wollend, zerschmetterte er, mitten ins Speisezimmer hereinstürzend, den Tisch und zerbrach sofort alles Geschirr. Und auf den Herrn, der speiste, ging geradewegs er los, um ihn zu küssen, den Rücken ihm besteigend. Als aber inmitten äußerster Gefahr die Diener den Herrn sahen, retteten sie [Textlücke] Mit Keulen von Hartholz stießen und schlugen sie ihn von allen Seiten, bis daß er, seinen letzten Atem aushauchend, sagte: „Ertragen mußte ich, was mir gebührte, ich Unseliger. Denn warum blieb ich nicht bei den Maultieren, sondern stellte mich zu meinem Unglück einem kleinen Hündchen gleich?"

Auch in diesem Text mag man, wenn man will, eine Exposition, einen Haupt- und einen Schlußteil unterscheiden (1–9/10–18a/ 18b–25). Aber weder ist eine Symmetrie erkennbar, wie wir sie z. B. in der im Phaedrus-Kapitel analysierten Fabel entdeckt haben, noch sind wie dort und wie in der Version unserer Fabel, die in der ›Augustana-Sammlung‹ steht, die Gliederungseinschnitte deutlich markiert. Im Gegenteil: Die Erzählung des Babrios ist aus einem Guß, und das hat der Dichter dadurch erreicht, daß er, statt in der Art des Verfassers der Prosafabel Hund und Esel miteinander zu konfrontieren – dort geht der Eselshandlung eine fast ausschließlich dem Hund gewidmete Exposition voraus –, den Esel zu einer das gesamte Geschehen beherrschenden Figur machte. Der wichtigste Kunstgriff seiner narrativen Technik besteht darin, daß er den Leser alles, was in der Fabel geschildert wird, aus der Sicht des Esels erleben läßt: den Kontrast zwischen den Lebensbedingungen der beiden Tiere – wie schlecht es dem Esel geht, wird dadurch hervorgehoben, daß seine Lage ausführlicher und an zweiter Stelle charakterisiert wird –, den „Amoklauf" des Esels von der Krippe bis auf den Rücken des Herrn, die das Tier von allen Seiten treffenden Keulenhiebe, das von seinen letzten Worten begleitete Aushauchen der Seele. Sprach- und Verskunst des Dichters, deren Würdigung wir uns in Anbetracht der Kürze einer Einführung hier versagen müssen, tragen das Ihre dazu bei, Fühlen und Erleben des Esels nachvollziehbar zu machen.

Ein Einblick in das Innere dieser Figur ist also das eigentliche Thema der babrianischen Version der Fabel. Es war M. Nøjgaard (1964–1967), der als erster richtig beobachtet hat, daß hier wie in mehreren anderen Mythiamben des Dichters der Konflikt zwischen zwei Personen, der normalerweise antike Fabeln beherrscht, durch den Konflikt ersetzt ist, den eine dieser beiden Personen in sich austrägt (II 206ff.). Das besondere Interesse des Babrios für die in einer Fabelhandlung wirkenden seelischen Triebkräfte verleitet ihn oft dazu, daß er die von der Gattungstradition vorgegebene Erzählstruktur modifiziert, indem er z. B. einerseits die Exposition oder den Schlußteil strafft bzw. ganz wegläßt (vgl. die Stellennachweise bei Nøjgaard 218ff.), andererseits der resümierenden Bemerkung eines der Protagonisten im Gedicht ebensoviel Platz zuweist wie dem übrigen Text (63, 91) oder sogar mehr (51, 85). Kein Wunder, daß bei diesem Autor die psychologische Betrachtung dessen, was die Bewohner des Fabeluniversums treiben, die moralische Sichtweise immer wieder fast oder vollständig verdrängt: Zwar überliefern uns die Handschriften am Ende aller

Babrios-Fabeln Epimythien, aber die akribische Textarbeit des Editorenteams LUZZATTO/LA PENNA hat zu dem glaubhaften Ergebnis geführt, daß nur in 45 von den 144 Fabeln der neuen Teubner-Ausgabe die Verse, in denen das *fabula docet* explizit formuliert wird, als echt gelten dürfen.

Mit der Freude des Babrios am psychologisierenden Erzählen hängt es zusammen, daß er gerne Dialoge in die Fabelhandlung einfügt (vgl. bes. 50, 75, 92) und sich gelegentlich der Darstellungsweise des Epos bedient: Homerischer Stil ist bei ihm keineswegs nur Mittel zum Zweck der Epenparodie – in diesem Bereich ist ihm seine Version der Fabel vom Krieg der Katzen und Mäuse (31) ausnehmend gut gelungen –, sondern durchaus auch Selbstzweck. Denn der Dichter geht einmal so weit, einen Fabelstoff – die Geschichte vom Hirschherz (95) – in 102 Versen zu bearbeiten und so ein Epyllion daraus zu gestalten. Aber außer einem „Epiker" steckt in Babrios ein „Epigrammatiker": Ein von dem Dichter immerhin 18 Mal verwendeter Versfabeltyp ist das Tetrastichon, eine nur aus 4 Versen (bzw. 4 Versen + Epimythium) bestehende Erzählung von epigrammatischer Prägnanz, die auf eine an viele Gedichte der ›Anthologia Palatina‹ und Martials erinnernde Art in eine witzige Pointe mündet (8, 14, 39, 40, 41, 54, 60, 73, 80, 81, 83, 90, 96, 109, 110, 113, 121, 133). Die Fabel 109, die wir als Textbeispiel ausgewählt haben, manifestiert wie die meisten anderen Vierzeiler die Bereitschaft des Babrios, einem Bonmot zuliebe auf eine ernsthafte sittliche Belehrung des Lesers zu verzichten:

'Μὴ λοξὰ βαίνειν' ἔλεγε καρκίνῳ μήτηρ,
'ὑγρῇ τε πέτρῃ πλάγια κῶλα μὴ σύρειν.'
ὁ δ' εἶπε· 'μῆτερ ἡ διδάσκαλος, πρώτη
ὀρθὴν ἄπελθε, καὶ βλέπων σε ποιήσω.'

„Geh nicht krumm", sprach zum Krebs seine Mutter, „und über den glatten Felsen schleppe nicht seitwärts die Glieder." Der aber sprach: „Mutter und Lehrerin, erst geh du gerade, und wenn ich's sehe, will auch ich es tun."

Die Tatsache, daß wir die Fabelstoffe von immerhin 11 der 18 Tetrasticha nur von Babrios (bzw. den Babrios-„Epigonen" Ps.-Dositheus, Aphthonios und Avian) kennen, legt nahe zu vermuten, daß Babrios ebenso wie Phaedrus nicht nur neue Versionen alter Fabeln, sondern auch ganz neue Fabeln schuf: Von den 165 Mythiamben, die wir ihm mit Sicherheit zuweisen können (144 + frg. 1–21 Luzz.), sind es insgesamt 72, bei denen die Möglichkeit babrianischen Ursprungs besteht (vgl. den Apparat bei Luzzatto/La Penna [1986]). Doch wo fand Babrios die Vorlagen für die übrigen 93 Mythiamben? Benutzte er ein Fabelbuch? Und wenn ja, welches?

Die Voraussetzungen für eine Beantwortung dieser Frage sind bei Babrios weitaus schlechter als bei Phaedrus. Denn wir wissen nicht, ob der Verfasser der ›Mythiamben‹ schon im 1. Jahrhundert n. Chr. lebte – dann wäre gut denkbar, daß er wie Phaedrus seine Vorlagen einem hellenistischen Fabelrepertorium entnahm –, oder ob die ›Mythiamben‹ erst im 2. Jahrhundert geschrieben wurden – dann käme auch ein kaiserzeitliches Fabelbuch als Quelle in Betracht. Es spricht zwar sehr viel dafür, daß es sich bei dem König Alexander, an dessen Sohn der Prolog zum II. (und sehr wahrscheinlich auch der zum I.) Buch des Babrios gerichtet ist, um einen bei Iosephos, Ant. Iud. XVIII 140 erwähnten kilikischen *regulus* namens Alexander handelt, den Kaiser Vespasian (69–79) in sein Amt einsetzte. Aber einen zuverlässigen Datierungshinweis liefert nur eine Notiz, die wir im 6. Hauptstück der ›Hermeneumata‹ des Ps.-Dositheus lesen: Danach wurde dieser Teil des Schulbuchs, dessen Verfasser die ›Mythiamben‹ kannte, im Jahre 207 und somit das Fabelbuch des Babrios vor Beginn des 3. Jahrhunderts verfaßt. Da nun, wie noch gezeigt werden soll, das Buch ›Leben und Fabeln Äsops‹, mit dessen Fabelteil die ›Collectio Augustana‹ weitgehend identisch sein dürfte, durchaus schon im 2. Jahrhundert entstanden sein könnte, wäre möglich, daß Babrios Fabeln dieses Buches bearbeitete. Es fällt nämlich auf, daß von den 93 in den Gedichtbüchern des Babrios stehenden Fabeln, die außer von ihm und seinen „Epigonen" von anderen antiken Autoren erzählt werden, eine auch in der ›Vita Aesopi‹ und 78 auch in der ›Augustana-Sammlung‹ bzw. den von ihr abhängigen byzantinischen Sammlungen erscheinen (vgl. den Apparat bei PERRY [1965] zu Nr. 1–143 und bei LUZZATTO/LA PENNA [1986] zu Nr. 144 und frg. 1–21).

Freilich gibt es unter den von Babrios verwendeten Fabelstoffen auch solche, die wir außer bei ihm und seinen „Epigonen" nur noch in Texten Xenophons von Athen, des Ennius, Horaz, Phaedrus, Plutarch und Gellius finden (vgl. den Apparat bei LUZZATTO/LA PENNA zu 3, 24, 27–29, 33, 67, 78, 88, 100, 108, 128, 134, 142); es ist also auf jeden Fall damit zu rechnen, daß der Dichter der ›Mythiamben‹, falls er die ›Augustana-Sammlung‹ benutzte, zusätzlich ältere Quellen heranzog. Und da auch der Anonymus, dem wir die ›Augustana-Sammlung‹ verdanken, in einer bis in vorchristliche Zeit zurückreichenden Fabeltradition steht, könnten die Übereinstimmungen zwischen ihm und Babrios darauf zurückzuführen sein, daß beide aus älteren Quellen schöpften. Wie gesagt, aufgrund der Schwierigkeiten, vor die uns das Datierungsproblem stellt, läßt sich auch in der Quellenfrage nichts Sicheres sagen. Doch wer immer jener βασιλεὺς Ἀλέξανδρος war, den Babrios erwähnt – davon, daß Babrios am Hofe eines Kleinkönigs der östlichen Hälfte des römischen Reiches lebte, dürfen wir ohne weiteres ausgehen. Denn der Dichter weiß, daß die Fabel „Erfindung" der Babylonier ist prol. II 1–3), er behauptet in Fabel 57, die Wesensart der Araber aus eigener Erfahrung zu kennen, und sein Wortschatz weist, wie eine Untersuchung von M.J. LUZZATTO (1975) ergeben hat, Übereinstimmungen mit dem Wortschatz der Septuaginta und des Neuen Testamentes auf. Sehr wahrscheinlich herrschte der *regulus*, dessen Hofdichter Babrios war, in Syrien, und in diesem Land hatte der Verfasser der ›Mythiamben‹ reichlich Gelegenheit, Fabelstoffe den verschiedensten schriftlichen und mündlichen Quellen griechischer und orientalischer Provenienz zu entnehmen.

Der Sohn König Alexanders, den Babrios im Prolog zum zweiten Buch direkt anspricht, ist wahrscheinlich identisch mit dem „Kind" (τέκνον) Branchos, an das sich der Dichter im Prolog zum ersten Buch wendet. Da von den 45 Epimythien der ›Mythiamben‹ 17 ein „Du" apostrophieren und Babrios dabei zweimal den Vokativ παῖ („mein Sohn") und einmal den Vokativ Βράγχε benutzt (18,15; 72,23; 74,15), darf man vermuten, daß die Versfabeln dieses Dichters, soweit sie eine ethische Aussage haben, zum Zweck der Belehrung des Prinzen geschrieben wurden. Die Form der Paränese, die die 17 an das „Du" gerichteten Epimythien aufweisen, bewirkt, daß sie an die mit „so auch du/ihr" beginnenden Resümees der Fabeln erinnern, die wir außerhalb der Fabelbücher als Exempla in verschiedenen literarischen und rhetorischen Zusammenhängen finden; das für die Fabelbücher typische „diese Fabel lehrt ..." lesen wir bei Babrios dagegen nur sechsmal (22, 13; 31, 22; 36, 13; 38, 8; 56, 8; 59, 16; vgl. 34, 14; 40, 5; 116, 15; 119, 11). Die Pose des Pädagogen, die der Dichter der ›Mythiamben‹ einnimmt, betont er in sechs Epimythien dadurch, daß er in der ersten Person spricht (11, 11; 14, 5; 56, 8; 57, 12; 65, 7; 66, 7). Und es ist sicher kein Zufall, daß Babrios in vier Fällen die Rolle des Warners bzw. Tadlers einem älteren Tier zugeteilt hat (21, 24, 93, 104), zumal die zu zwei dieser Fabeln erhaltenen Parallelversionen keine analogen Figuren kennen (vgl. 24 mit Ph. I 6, 93 mit Adem. 43 = 63 Th. und Aes. 153).

Es liegt auf der Hand, daß der Prinzenerzieher Babrios seinem Zögling Branchos das Fabeluniversum, das er, wie wir gesehen haben, im Prolog zum ersten Buch im Goldenen Zeitalter ansiedelt, als eine Welt präsentiert, in der die monarchische Herrschaftsform einen festen Platz hat. Während Phaedrus in den Fabeln, in denen er das Verhältnis der kleinen Leute zu den Mächtigen behandelt, seine Sympathie für die Probleme der Opfer von Willkür und Gewalt zu erkennen gibt, finden wir bei Babrios eine eher gegenteilige Haltung. Jedenfalls verrät er in einigen seiner Gedichte eine antidemokratische Einstellung, am deutlichsten in Fabel 40. Er erzählt dort – und nur bei ihm steht die Geschichte –, wie einem Kamel, das beim Überqueren eines Flusses seine Notdurft verrichtet, der eigene Kot von der Strömung vor die Nase getragen wird, worauf es ausruft: „Mir geht's wahrhaftig schlecht: Schon hat das, was vom Hintern kommt, den Vortritt!" Entsprechend lehrt das Epimythium, die Fabel sei auf einen Stadtstaat (πόλις) gemünzt, in dem statt der Vornehmsten die Niedrigsten die Macht haben. Thematisch verwandt ist die (auch bei Plutarch, Agis 2 zu lesende) Fabel 134, in der der Schwanz der Schlange sich gegen ihren Kopf auflehnt und dadurch lediglich erreicht, daß die Schlange in eine Felskluft fällt und sich das Rückgrat aufschlägt; das groteske Bild des Sturzes, das unwillkürlich an einen Disney-Cartoon denken läßt, stellt die Rebellion des Schlangenschwanzes als etwas so Albernes dar, daß sofort klar wird: Für eine Erhebung der sozial schwachen Schichten des Volkes hat Babrios nichts als Hohn und Spott übrig.

Freilich verlangt dieser Dichter, der so energisch für die uneingeschränkte Herrschaft des „Kopfes" eines Staates eintritt, von einem König, daß er ein untertanenfreundliches Regiment führt. Um seiner Forderung mit Hilfe der Fabel Ausdruck zu verleihen, hat er z. B. der oben bereits erwähnten Gruppe der Mythiamben, in denen ein Löwe agiert, die exponierte Stellung am Ende des ersten Buches gegeben und den König der Tiere in einigen Passagen mit Zügen ausgestattet, die denen des idealen Monarchen entsprechen. So erzählt er in Fabel 102, die er vielleicht selbst erdacht hat, von einem Konzil der Tiere unter dem Vorsitz eines als König herrschenden Löwen, der „nicht jähzornig, nicht grausam und nicht auf Macht pochend, sondern milde und gerecht, wie nur ein Mensch sein kann", ist (V. 1–3). Eine der hier genannten Monarchentugenden, die Milde, empfiehlt Babrios dem Sohn des Königs Alexander ganz speziell in den Epimythien der Fabeln 11 und 18; in V. 15 f. der Fabel 18 heißt es z. B.:

λέγει δ' ὁ μῦθος· ʽπραότητα, παῖ, ζήλου.
ἀνύσεις τι πειθοῖ μᾶλλον ἢ βίῃ ῥέζων.ʼ

Die Fabel sagt: „Nach Milde, mein Sohn, strebe. Denn du wirst mehr durch Überredung erreichen als durch das Ausüben von Gewalt."

Sowohl den Herrschenden als auch den sozial Schwachen rät Babrios also zum Gewaltverzicht. Was die zweite Gruppe betrifft, ist das wieder die Anpassungsideologie, die wir schon bei Phaedrus vorfanden. Aber während die Kleinen bei Phaedrus sich nur zähneknirschend ins Unvermeidliche fügen, werden sie von Babrios lächerlich gemacht, wenn sie es nicht tun. „Aufstand der Fabel"? Wenn es das in der Antike überhaupt jemals gab, dann auf gar keinen Fall bei dem Dichter der ›Mythiamben‹.

Berichte zur Babrios-Forschung wurden nur vorübergehend erstellt (SITZLER [1897–1922]), aber hier ist ja auch zu keiner Zeit viel geschehen. Immerhin findet sich eine umfangreiche Bibliographie auf Seite CXI-CXV der vorzüglichen textkritischen Ausgabe von LUZZATTO/LA PENNA (1986), die die Edition von CRUSIUS (1897) ersetzt hat. Einen neueren Kommentar gibt es nicht, aber einen nach wie vor nützlichen älteren von RUTHERFORD (1883). Die wichtigste Ausgabe, die Babrios-Paraphrasen enthält, ist immer noch der Abdruck des cod. Oxon. Bodleianus Auct. F. 4. 7 von KNÖLL (1877), da CHAMBRY (1925) die Texte zusammen mit denen der ›Augustana-Sammlung‹ und ihren Bearbeitungen ediert hat und deshalb die Identifizierung eines Fabeltextes als desjenigen einer Babrios-Paraphrase gewisse Schwierigkeiten bereitet. Eine Übersetzung von Nr. 1–204 der Ausgabe von CRUSIUS (1897), also auch der (von CRUSIUS z. T. in die Versform „zurückverwandelten") Paraphrasen von Babrios-Fabeln, die nicht in ihrer ursprünglichen Form erhalten sind, liefert IRMSCHER (1978) 243–340, eine Übersetzung der meisten Texte MADER (1951) 225–320, eine zweisprachige Ausgabe der Versfabeln 1–143 PERRY (1965), eine zweisprachige Ausgabe in Auswahl SCHNUR (1978) 244–321; einen Index haben F. M. GARCIA und A. R. LOPEZ (1990) erarbeitet. An Untersuchungen zur Überlieferungsgeschichte, für die sich die Babrios-Forschung am meisten interessiert hat, nennen wir außer LUZZATTO/LA PENNA (1986) XXII ff. folgende: HESSELING (1892/93), CRUSIUS (1894), IHM (1902), RADERMACHER (1902), IMMISCH (1930), HUSSELMAN (1935), VAIO (1970) & (1977) & (1981) & (1984). Gesamtdarstellungen bieten CRUSIUS (1879) & (1896b), NØJGAARD (1964–1967) II 189–365. 432–438, PERRY (1965) XLVII–LXXIII, WAGNER (1977), F. R. ADRADOS (1979–1987) II 173–212 und LUZZATTO/LA PENNA (1986) VI–CXV, Spezialuntersuchungen zur Vita ZIMMERMANN (1933) und VAIO (1980), zu Stil und Metrik LUZZATTO (1975) & (1985). Literaturwissenschaftlich interpretiert wurden die Fabeln des Babrios bisher nur von NØJGAARD (s. o.), dem dieses Kapitel der Einführung sehr viel verdankt.

2.3 Avian, ›Fabulae‹

Wer die um 400 entstandenen 42 Fabeln Avians zu lesen beginnt, der dürfte – besonders wenn er von Phaedrus und Babrios herkommt – einigermaßen befremdet sein darüber, daß dieser römische Dichter seine Aesopica ausgerechnet in elegischen Distichen schrieb, dem Versmaß, das z. B. Ovid in seiner erotischen Poesie verwendet. Gewiß, es gab zumindest in der griechischen Literatur des Hellenismus und der Kaiserzeit sogar „Vorläufer": In der ›Anthologia Palatina‹ lesen wir sechs aus elegischen Distichen zusammengesetzte Epigramme, in denen Fabelstoffe bearbeitet sind (VI 217 = Aes. 436, VII 210 ~ Aes. 227, IX 3 ~ Aes. 250, IX 86 = Aes. 454, IX 99 ~ Aes. 374, XI 348 ~ Aes. 32). Aber den Verfassern dieser Gedichte ging es sehr wahrscheinlich nicht darum, ihre Leser moralisch zu belehren – keiner von ihnen gibt auch nur in Ansätzen ein *fabula docet* –, sondern es gefiel ihnen offensichtlich, die aus den Quellen der äsopischen Erzähltradition geschöpften Sujets an die typische Epigrammstruktur anzupassen. Zwar finden sich auch in den uns überlieferten griechischen und römischen Fabelbüchern viele „epigrammatisch" aufgebaute Fabeln – wir haben speziell auf die Tetrasticha des Babrios hingewiesen (s. o. S. 64) –, doch Avians Fabeln sind alles andere als kurze und pointierte Gedichte. In ihrer narrativen Technik erinnern sie am ehesten an Ovids elegische Erzählungen (z. B. in den ›Fasti‹), und strukturell sind sie so angelegt, daß man am Ende nicht lachen oder auch nur schmunzeln, sondern sich ganz auf die ethische Maxime, die durch die Fabelhandlung exemplifiziert wird, konzentrieren soll.

In einer den Fabeln vorausgehenden Widmungsepistel verrät Avian leider nicht, warum er, wenn er „Bäume reden, wilde Tiere gemeinsam mit Menschen seufzen, Vögel mit Worten streiten und andere Lebewesen lachen" läßt, dies in elegischen Distichen tut. Er sagt uns aber immerhin, was ihn zur Wahl der Gattung motiviert hat: Die Tatsache, daß in der Fabel die „Unwahrheit" *(falsitas)* gestattet wird, sofern diese „in anmutige Worte gefaßt ist" *(urbane concepta)*, hatte es ihm angetan, die Fiktionalität also. Indem der Dichter dann einen kurzen Überblick über die Entwicklung der Gattung gibt – dieser erstreckt sich von Äsop über Sokrates und Horaz als den Repräsentanten derjenigen Fabelerzähler, die Fabeln als Exempla benutzten, bis zu Babrios und Phaedrus –, will er wohl indirekt zum Ausdruck bringen, daß die Gattung, literaturgeschichtlich gesehen, ein respektables Ansehen hat. Was aber meint Avian, wenn er im Anschluß an seinen historischen Abriß sagt, er habe in einem Buch 42 Fabeln vereinigt, *quas rudi Latinitate compositas elegis sum explicare conatus*?

Dieser in der Avian-Forschung immer wieder erörterte Relativsatz bietet zwei Möglichkeiten des Verständnisses:

1. [Fabeln,] „die ich <, nachdem ich sie> als in rohem Latein verfaßte <vorgefunden hatte,> im elegischen Versmaß wiederzugeben versucht habe",

2. [Fabeln,] „die ich <zwar> in rohem Latein verfaßt, <aber> im elegischen Versmaß wiederzugeben versucht habe."

Wer Übersetzung Nr. 1 bevorzugt – und das tut seit CRUSIUS (1896a) die Mehrzahl der Avian-Forscher –, versteht die Bemerkung des Dichters als einen Hinweis darauf, daß er Fabeln eines lateinischen Prosafabelbuches versifizierte. Bei diesen Texten müßte es sich dann um Bearbeitungen von Babrios-Fabeln gehandelt haben, denn 35 Fabeln Avians erinnern ganz deutlich an Fabeln, die in den Handschriften der ›Mythiamben‹ stehen, sowie an solche, die als Paraphrasen von Mythiamben zu gelten haben, und die übrigen gehen vermutlich auf verlorene Babrios-Fabeln zurück (vgl. die Übersichten bei KÜPPERS [1977] 164 und LUZZATTO/LA PENNA [1986] XIX–XXII). Und siehe da: Wenn man unbedingt will, läßt sich aus einer Bemerkung des Ausonius (ca. 310–395) in einer seiner Episteln (16,2,74–81) schließen, daß es eine von einem gewissen Titian stammende lateinische Prosabearbeitung von Babrios-Fabeln gab und daß Avian diesen Text benutzt haben muß.

Man „will unbedingt", wenn man nicht bereit ist, in den Abweichungen der Avian-Fabeln von den entsprechenden Babrios-Fabeln das Ergebnis der künstlerischen Intention des spätantiken römischen Dichters zu sehen. Dann braucht man sie einfach, die lateinische Paraphrase von Babrios-Fabeln, in der Avian die in seinen Fabeln zu beobachtenden Veränderungen am Wortlaut der ihnen zugrundeliegenden Mythiamben bereits vorfand; dann kann man ignorieren, daß mit dem bei Ausonius erwähnten „Äsop in Trimetern", den Titian in Prosa auflöste, durchaus die ›Fabulae

Aesopiae‹ des Phaedrus gemeint sein könnten (und daß das bei einem lateinisch schreibenden Paraphrasten sogar näherliegt). Nun hat aber J. KÜPPERS in seiner bahnbrechenden Avian-Monographie gezeigt, daß sich bei sorgfältiger Analyse der Unterschiede zwischen den Fabeln Avians und den mit ihnen verwandten Mythiamben ein einheitliches Konzept erkennen läßt, das nur aus ganz bestimmten Eigenarten Avians in seinem Umgang mit Fabelinhalten, der lateinischen Sprache und dem elegischen Distichon erklärbar ist. Folglich empfiehlt es sich, KÜPPERS darin zuzustimmen, daß Übersetzung Nr. 2 das Richtige trifft: Avian, der den Adressaten seiner Widmungsepistel, einen gewissen Theodosius, geradezu lobhudlerisch als Meister in der Redekunst und der Dichtung preist, stellt sich selbst unter Rückgriff auf den rhetorischen Topos der *captatio benevolentiae* als einen unbeholfenen Literaten dar.

Nichts hindert uns also daran, Avian mit Babrios – dessen *duo volumina* in der ›Epistula‹ sogar erwähnt werden – direkt zu vergleichen. Zunächst haben wir zu fragen, in welchem Verhältnis die Buchstruktur bei Avian zur Buchstruktur bei Babrios steht; dabei gehen wir davon aus, daß die im ›Codex Athous‹ vorliegende Anordnung der Babrios-Fabeln in den zwei Büchern ›Mythiamben‹ derjenigen des Urtextes entspricht (s. o. S. 59f.). Da nun bei Avian die Reihenfolge der von ihm bearbeiteten Babrios-Fabeln gegenüber dem Original vollkommen verändert ist, darf man darin das Resultat bewußter Planung sehen. In der einzigen Untersuchung zum Aufbau des avianischen Fabelbuches, die bis jetzt existiert, glaubt M. J. LUZZATTO (1984, 92–94) herausgefunden zu haben, daß der Fabeldichter in 21 Gedichtpaaren einander ähnliche menschliche Fehler und Laster, die durch seine Fabeln exemplifiziert werden, verknüpfte. Aber auch wenn man bereit ist, sich von der Forscherin überzeugen zu lassen – denn nicht in allen Fällen, wo sie motivische Bezüge zwischen zwei Fabeln herzustellen versucht, kann man ihr unbedenklich folgen –, wird man damit zu rechnen haben, daß Avian außer dem Prinzip der paarweisen Zuordnung von Fabeln weitere Mittel der Gedichtbuchkomposition verwendete. So mögen zwar die Fabeln 17 und 18 durch den Gedanken «il pericolo non è sempre dove te lo aspetti» verbunden sein, aber es ist m. E. unverkennbar, daß die der Fabel 17 vorausgehende Fabel ›Eiche und Schilfrohr‹ sich mit der auf Fabel 18 folgenden Fabel ›Tanne und Dornstrauch‹ inhaltlich enger berührt als mit Fabel 15 ›Kranich und Pfau‹. Bedenkt man ferner, daß aus der ›Epistula‹ Avians die direkte Bekanntschaft des Dichters mit den fünf Büchern ›Fabulae Aesopiae‹ des Phaedrus erschlossen werden darf – KÜPPERS (1977) hat ja sogar in zwei Fabeln Avians (34 und 37) die Spuren der Benutzung motivverwandter Phaedrus-Fabeln (IV 25 und III 7) nachgewiesen (142 ff.) –, dann sollte man in Erwägung ziehen, daß Avians Methode der Buchstrukturierung sich irgendwie an diejenige des *libertus Augusti* anlehnt. Aber es muß einer Spezialarbeit vorbehalten bleiben, dem im einzelnen nachzugehen.

Betrachten wir nun anhand eines Textbeispiels, wie Avian bei Strukturierung, sprachlicher Gestaltung und Versifizierung der einzelnen Fabeln verfährt; wir haben seine Version der Fabel vom Krebs und seiner Mutter ausgewählt (3: Text nach DUFF [1934]), die wir in der Fassung des Babrios (109) bereits kennengelernt haben (s. o. S. 64):

> *Curva retro cedens dum fert vestigia cancer,*
>   *hispida saxosis terga relisit aquis.*
> *hunc genetrix facili cupiens procedere gressu*
>   *talibus alloquiis emonuisse datur:*
> 5 „*ne tibi transverso placeant haec devia, nate,*
>   *rursus in obliquos neu velis ire pedes,*
> *sed nisu contenta ferens vestigia recto*
>   *innocuos proso tramite siste gradus.*"
> *cui natus „faciam, si me praecesseris" inquit*
> 10 „*rectaque monstrantem certior ipse sequar.*
> *nam stultum nimis est, cum tu pravissima temptes,*
>   *alterius censor si vitiosa notes.*"

Während rückwärts gehend schräg die Beine setzte ein Krebs, verletzte er sich seinen rauhen Rücken im Wasser, das voller Steine war. Ihn soll die Mutter in dem Wunsch, daß er bequemen Schrittes vorwärts gehe, mit den folgenden an ihn gerichteten Worten ermahnt haben: „Nicht soll dir, mein

Sohn, dieses Querlaufen auf Abwegen gefallen, noch wolle, daß deine Füße rückwärts auf die schiefe Bahn gehen, sondern, im Bemühen um einen geraden Gang straff deine Beine setzend, lenke sicher deine Schritte vorwärts auf dem Pfad." Zu ihr sagte der Sohn: „Ich will's tun, wenn du mir vorausgehst, und der, die das Richtige mir zeigt, werde ich sicherer folgen. Denn allzu töricht ist es, wenn du, wo du doch im Begriff bist, das Allerfalscheste zu tun, als 'Censor' die Fehler eines anderen tadelst."

Aus den vier Hinkiamben des Babrios sind bei Avian auf folgende Weise sechs elegische Distichen geworden: Während der griechische Fabeldichter sich auf die eigentliche Handlung – den Dialog der Krebse – beschränkt, schickt der Römer ihr eine Exposition voraus, worin in je einem Distichon der Krebs und seine Mutter vorgestellt werden; je zwei Distichen umfassen dann Rede und Gegenrede, die bei Babrios nur aus je eineinhalb Hinkiamben bestehen.

Man sieht deutlich die Folgen, die sich daraus ergeben, daß das elegische Distichon als Metrum einer Versfabel verwendet wird: Wie schon in den elegischen Erzählungen von Dichtern wie Ovid oftmals im Pentameter das im Hexameter Gesagte in nur leicht abgewandelter Form wiederholt wird, so auch hier in den Distichen 5/6, 7/8 und 9/10. Außerdem macht Avian wie Ovid und die anderen Autoren elegischer Erzählungen von der Möglichkeit Gebrauch, Hexameter und Pentameter in Antithese einander gegenüberzustellen, was er sinnvollerweise im letzten Distichon tut; denn dieses enthält die Quintessenz der durch die Fabel vermittelten Lehre („Verlange nicht von anderen etwas, was du selbst nicht vormachen kannst"). Lediglich in der Exposition entspricht jedem der vier Verse eine Aussage, wobei freilich in epischer Manier ein ganzer Vers der Überleitung zur ersten wörtlichen Rede des Textes gewidmet ist.

Was bewirkt Avian mit dieser Form der Präsentation einer Fabelhandlung? Zunächst einmal wird die Erzählung ganz dem *fabula docet*, das sie exemplifizieren soll, untergeordnet, da sie in eine wahre Kette von Antithesen zerlegt ist: Der Gehweise des Jungkrebses wird die von der Krebsmutter gewünschte Gehweise entgegengesetzt (1/3); auf das in zwei Versen von der Mutter ausgesprochene Verbot (5f.) folgt das von ihr ausgesprochene Gebot in wiederum zwei Versen (7f.), deren erster eine zusätzliche Antithese zum ersten Vers der Exposition bildet (1: *retro ... fert vestigia* / 7: *[nisu] ... ferens vestigia recto*); dem Gedanken des vorletzten Distichons – der Jungkrebs sagt hier, welches Verhalten er von seiner „Lehrerin" erwartet – wird im letzten Distichon (das wir für echt halten) die Charakterisierung des tatsächlichen Verhaltens der Mutter kontrastiert, wobei hier noch die Antithese *tu ... alterius* hinzugefügt wird.

Avian streckt also das narrative Artikulieren einer antithetischen Aussage, für das Babrios in seiner epigrammatisch strukturierten Fabel zwei in einem jambischen Metrum verfaßte Verspaare benötigt, auf sechs in einem daktylischen Metrum verfaßte Verspaare, d. h. auf mehr als die dreifache Länge. Dadurch wird der denkbar simple Plot der Fabel bis aufs äußerste zerdehnt (wodurch übrigens auch der pointierte Witz der Vorlage verlorengeht). Gleichzeitig aber – und dies ist das zweite wichtige Resultat der avianischen Form der Bearbeitung des vorgegebenen Fabelstoffs – liefert die rhetorische Ausweitung einer schlichten Erzählung dem Dichter die Gelegenheit, seine ganze Kunst der poetischen Ausschmückung dieser Erzählung zur Geltung zu bringen: Hier brilliert er durch ausgiebige Verwendung des traditionellen Wortschatzes der elegischen Erzählung, in anderen Fabeln dadurch, daß er allein um des stilistischen Effektes willen Formulierungen, die er in Anlehnung an Vergil-Verse entwickelt hat, über den Text verstreut (vgl. die Nachweise bei KÜPPERS [1977] 107f., 139f., 151f.).

Wie nicht anders zu erwarten, hat man in der Forschung das für das gesamte Fabelbuch Avians typische Nebeneinander von Rhetorik und Poesie immer wieder mit harten Worten getadelt: „Die Arbeit des jungen Mannes kann nicht als gelungen bezeichnet werden", urteilen in ihrer bekannten Geschichte der römischen Literatur SCHANZ, HOSIUS und KRÜGER in Oberlehrerpose (4.2, München 1920, 33). „Meist ist er umständlich und langweilig", findet HAUSRATH (1938, Sp. 1494). Und selbst KÜPPERS (1977), der doch die Fabeln Avians erstmals einer gründlichen Analyse unterzog und dabei die Arbeitsweise des Dichters treffend charakterisierte, kann es sich nicht verkneifen, Avians Fabeln „zu dem weniger Wichtigen und Unbedeutenderen des literarischen Nachlasses der Römer" zu zählen (68) und am Ende seiner verdienstlichen Monographie zu konstatieren: „Aufs Ganze gesehen zeigt sich Avian als ein mittelmäßiger Dichter" (235).

Bei den Avian-Erklärern verdrängt – und das findet man gar nicht selten in altphilologischen Interpretationen – die Wunschvorstellung von dem, wie der zu interpretierende Text in Wirklichkeit auszusehen habe, die ernsthafte Konfrontation mit der eigentlichen Aufgabe des Literaturwissenschaftlers: unvoreingenommen zu eruieren, was der Verfasser des Textes wollte, als er ihn so und nicht anders konzipierte, und wieweit seine Intention zeitgeschichtlich bedingt ist. Avians Anliegen ist doch offenbar dieses: Er entschließt sich, ein Fabelbuch zu schreiben, trifft auf eine Reihe höchst bedeutender Vorgänger in der von ihm gewählten Gattung und möchte sie nun alle überbieten, indem er versucht, noch besser als sie die Forderung zu erfüllen, die man an die Gattung richtet. Denn wie lautet diese Forderung? Eine Fabel soll Belehrung und fiktionales Erzählen miteinander kombinieren (s. o. S. 22). Und so kreuzt Avian die rhetorische Erörterung über das Für und Wider eines ethischen Problems mit der elegischen Erzählung, wobei er seine poetische Diktion mit Vorliebe am Stil des berühmtesten aller Verfasser daktylischer Verse, des Dichterfürsten Vergil, schult.

Über die historischen Voraussetzungen für die Entstehung des Fabelbuches Avians wissen wir nicht viel mehr als das, was er uns selbst in seiner an einen Theodosius gerichteten ›Epistula‹ sagt. Denn bereits die Identität dieses Theodosius ist in der Forschung umstritten. Die Mehrzahl der Gelehrten hält ihn für Macrobius Ambrosius Theodosius, den um 400 lebenden Verfasser des Dialogs ›Saturnalien‹ und eines Kommentars zu Ciceros ›Somnium Scipionis‹, ja einige Philologen gehen sogar so weit zu vermuten, daß sich hinter der Figur eines Gesprächsteilnehmers in den ›Saturnalien‹, der den Namen „Avienus" trägt, unser Fabeldichter verbirgt. KÜPPERS (1977), der diese Identifizierung mit guten Gründen ablehnt (28 ff.), tritt gleichwohl dafür ein, daß mit dem Theodosius der ›Epistula‹ Macrobius gemeint sei. Er stützt seine Argumentation vor allem auf eine im Cod. Paris. Lat. (nouv. acq.) 1132 über den Text der ›Epistula‹ gesetzte Illustration, die Avian bei der Übergabe seines Fabelbuches an den Widmungsadressaten zeigt. Während aber nun KÜPPERS erkennen zu können glaubt, daß beide auf der Zeichnung abgebildeten Personen Literaten seien (54 ff.), sieht M. J. LUZZATTO (1984, 89–91) in dem Mann, der das Fabelbuch entgegennimmt, einen Würdenträger, und sie schließt sich damit denjenigen an, die den Theodosius der Widmungsepistel mit einem der beiden römischen Kaiser dieses Namens gleichsetzen; sie selbst neigt zur Entscheidung für Theodosius II. (408–450), der, selbst ein «uomo colto e καλλίγραφος», wie sie mit Recht betont, die gelehrte und literarische Tätigkeit griechischer Rhetoren ebenso wie ihrer Lateinisch sprechenden Kollegen eifrig unterstützte und dies dadurch eindrucksvoll dokumentierte, daß er im Jahre 425 die Universität in Konstantinopel gründete.

Die Unsicherheit in der Frage, wer der Theodosius der Widmungsepistel war, verbietet uns, mit KÜPPERS (1977) Überlegungen zur „literarischen Umwelt" des Dichters (193 ff.) anzustellen und damit den Versuch zu verbinden, den Zeitbezug der Fabeln Avians zu ermitteln. Nun geht aber sowohl aus der ›Epistula‹ als auch aus den Fabeln selbst hervor, daß Avian nicht etwa deshalb die Gattung wählte, weil er in ihr ein Medium zur Artikulation seiner Auseinandersetzung mit den für ihn aktuellen politischen, sozialen oder ethischen Problemen erblickte. Weder ist bei ihm etwas von phaedrianischer Gesellschaftssatire noch von babrianischer Reflexion über Rechte und Pflichten eines Monarchen zu spüren; Avians Bemerkung über den Gewinn, den der Widmungsadressat Theodosius aus der Lektüre der Fabeln ziehen soll, ist nichts weiter als topisch: *habes ergo opus, quo animum oblectes, ingenium exerceas, sollicitudinem leves totumque vivendi ordinem cautus agnoscas* [„Du hast da nun ein Werk, durch das du dein Herz erfreuen, deinen Geist üben, Kummer beheben und aus dem du umsichtig Kenntnis der gesamten Lebensordnung gewinnen kannst"].

Offensichtlich faßte Avian allein deshalb den Entschluß, Versfabeln zu dichten, weil diese Gattung in einem Kreis literarisch tätiger Männer, in dem „Theodosius" eine führende Rolle spielte und in dem Avian anerkannt zu werden wünschte, noch nicht gepflegt wurde. Und es waren nicht die von der Gattung gebotenen Möglichkeiten, eine bestimmte ideologische Aussage zu vermitteln, die den Dichter anlockten – nein, es war der Ansporn zur Bewährung formaler poetischer Virtuosität, der in Avians Augen in folgenden Besonderheiten der Gattung steckte: in der Fiktionalität als einer Basis für die Entfaltung narrativer Kunstfertigkeit, in dem Renommee der Vorläufer in der Gattung, das dazu einlud, es ihnen nachzutun und sie sogar noch zu übertrumpfen, und darin, daß der Erzählstoff sich für die Versifizierung gut eignete. Das gab einen speziellen Anreiz dazu, durch Verwendung eines bisher in Fabelbüchern nicht gebräuchlichen Metrums einen zumindest in der äußeren Gestalt neuen Fabeltyp zu kreieren.

Was dabei herauskam, hat im Mittelalter so großen Anklang gefunden, daß dem Fabelbuch Avians das Schicksal der Fabelbücher des Phaedrus und Babrios erspart blieb: Während die ›Fabulae Aesopiae‹ und die ›Mythiamben‹ ganz bzw. weitgehend in Vergessenheit gerieten, weil man Prosaparaphrasen dieser Texte anfertigte, wurden Avians elegische Fabelerzählungen, obwohl auch sie in die Hände von Paraphrasten gerieten, immer wieder in ihrer ursprünglichen Fassung abgeschrieben – über hundert Kodizes des 9. bis 16. Jahrhunderts, in denen der Originaltext steht, sind uns überliefert (vgl. GUAGLIANONE [1958] IX-XXVIII). Moderne Klassische Philologen mögen darin, daß Avian im Mittelalter so beliebt war – vor allem als Schulautor –, eine Bestätigung für ihre negative Beurteilung der literarischen Qualität seiner Fabeln sehen. Bedenkt man jedoch, daß z.B. Ovid, einer der faszinierendsten Köpfe des Altertums, aber der Mehrzahl der Altphilologen in seiner geistigen Aussage noch heute eher fremd, im 12. Jahrhundert so eifrig gelesen wurde, daß man es *aetas Ovidiana* genannt hat, sollten diejenigen, die dazu neigen, den Stab über Avian zu brechen, sich das vielleicht noch einmal überlegen.

Wie über die Phaedrus-Forschung, so wurde auch über neue Arbeiten zu den Fabeln Avians vor dem Zweiten Weltkrieg regelmäßig berichtet (DRAHEIM [1889–1925], PORT [1933–1939]), danach nicht mehr. Textkritisch ediert wurde das Fabelbuch von ELLIS (1887), der seiner Ausgabe den bisher einzigen Kommentar beigab, DUFF (1934; mit englischer Prosaübersetzung), GUAGLIANONE (1958) und GAIDE (1980; mit französischer Prosaübersetzung), vollständig ins Deutsche übersetzt von IRMSCHER (1978) 405–436, auszugsweise von MADER (1951) 323–332 und SCHNUR (1978) 322–341 (mit lateinischem Text); Spezialuntersuchungen zur Überlieferungsgeschichte liefern JONES (1940) und GUAGLIANONE (1956) & (1957). Von den wenigen Gesamtdarstellungen, die es gibt, verdient neben denen von CRUSIUS (1896a) und ADRADOS (1979–1987) II 243–260 die Monographie von KÜPPERS (1977) besonders hervorgehoben zu werden, da in ihr die Fabeln zum ersten Mal interpretiert werden; zusammen mit dieser Arbeit ist stets der Aufsatz von LUZZATTO (1984) heranzuziehen, der sich kritisch mit ihr auseinandersetzt und wichtige Ergänzungen liefert (z. B. zur Analyse der Buchstruktur). Von den vor dem Buch von KÜPPERS erschienenen Spezialuntersuchungen zur Vita und zur Quellenfrage sind diejenigen von UNREIN (1885), CAMERON (1967), THRAEDE (1968/69) und JONES (1969) immer noch lesenswert.

3. PROSAFABELBÜCHER

3.1 Das Buch ›Leben und Fabeln Äsops‹

Es gibt eine große Zahl griechischer Handschriften des 10.–16. Jahrhunderts, in denen unter dem Namen Äsops Prosafabeln aufgezeichnet sind, und in vielen von diesen Kodizes ist den Fabeln eine fiktionale Äsop-Biographie, der sogenannte „Äsop-Roman", vorausgeschickt. Doch weder der Text der Vita noch derjenige der Fabeln ist einheitlich überliefert: Die Vita liegt in drei Versionen desselben Stoffs vor, und wenn man aus der Masse der Prosafabeln die Gruppe der Paraphrasen von Versfabeln des Babrios (s. o. S. 58) aussondert, lassen sich hier ebenso drei *recensiones* unterscheiden. Sowohl im Bereich der Äsop-Viten als auch in dem der Sammlungen von Prosafabeln sind von einer *recensio*, die in beiden Fällen vermutlich in der Antike entstand, zwei jüngere Fassungen zu trennen. Die Überlieferungsgeschichte von „Äsop-Vita" und „Äsop-Fabeln" ist also auffallend ähnlich, und das veranlaßt uns zu folgender Frage: Gehen alle diese Texte auf ein Buch zurück, dessen Autor fingierte, dem Leser in einer Art Werkausgabe „Leben und Fabeln Äsops" zu präsentieren?

Zunächst zum Verhältnis, in dem die drei Versionen des Äsop-Romans zueinander und zur gemeinsamen Urfassung, die verloren ist, stehen! Inhalt und Wortlaut des Archetyps dürften weitgehend authentisch wiedergegeben sein in Vita G, die wir nur noch in einer Handschrift besitzen, dem auf verschlungenen Wegen von Grottaferrata (daher „G") in die USA gelangten Kodex Nr. 397 der Pierpont Morgan Library in New York. Um eine Epitome handelt es sich dagegen bei Vita W („W" nach der Editio princeps von WESTERMANN [1845]), da in ihr die Handlung über weite Strecken in geraffter Form erzählt wird und sogar mehrere Abschnitte des Romans, die wir in Vita G lesen, hier fehlen; W ist jedoch nicht Kurzfassung von G, was sich zum einen daraus ableiten läßt, daß die Texte der fünf bis heute entdeckten Papyrusfragmente des Äsop-Romans (vgl. BESCHORNER/HOLZBERG [1992] 165–168) jeweils teils mit G, teils mit W übereinstimmen, zum anderen daraus, daß Vita G drei in den Handschriften der W-Klasse erscheinende Episoden (Kap. 50 a, 77 a, 77 b) nicht aufzuweisen hat. Die dritte Version des Romans schließlich, als deren Redaktor der ca. 1255–1305 lebende byzantinische Philologe MAXIMOS PLANUDES zu gelten hat (daher Vita „Pl"), ist das Ergebnis einer Überarbeitung der Vita W, der gegenüber diese Vita keine wesentliche Veränderung darstellt.

PLANUDES war sehr wahrscheinlich auch der Redaktor einer der drei Fabelsammlungen: Von den insgesamt 127 Fabeln, die seine Sammlung umfaßt – man nennt sie entweder *recensio Accursiana*, nach BONUS ACCURSIUS, dem Editor des Erstdrucks von ca. 1479, oder einfach „Rec. III" –, sind 62 durch Adaptation von Fabeln der *recensio Vindobonensis* (so nach dem cod. Vindob. gr. hist. 130) bzw. Rec. II entstanden, die übrigen fast alle durch Bearbeitung von Fabeln der *recensio Augustana* (so nach cod. Monac. gr. 564) bzw. Rec. I, von der auch die 130 Fabeln enthaltende ›Vindobonensis-Sammlung‹ abhängt. Die *recensio Augustana* ist also die älteste der drei Fabelsammlungen, und mit ihren 231 Fabeln (= Aes. 1–231), zu denen vielleicht dreizehn nur in einer Rec. I a überlieferte Fabeln (= Aes. 232–244) hinzuzuzählen sind, ist sie zugleich die umfangreichste.

Von großer Bedeutung für die Beantwortung der Frage, ob es ein antikes Buch ›Leben und Fabeln Äsops‹ gab, ist nun die Tatsache, daß die ›Augustana-Sammlung‹ in der ältesten der auf uns gekommenen „Äsop"-Handschriften, dem im 10. Jahrhundert entstandenen Kodex G, mit der dem Archetypus des Äsop-Romans am engsten verwandten Vita G vereint ist. Die Überlieferungsgemeinschaft von fiktionaler Äsop-Biographie und Äsop zugeschriebenen Fabeln besteht jedoch nicht nur im Falle der Kombination von Vita G und ›Augustana-Sammlung‹ in dem New Yorker Kodex, sondern ist auch in weiteren Fällen nachzuweisen (wir benutzen die Handschriftensiglen von PERRY [1952]):

1. Vita G ging der ›Augustana-Sammlung‹ in der Vorlage von

Kodex Pa voraus, bevor sie durch den nicht romanhaft, sondern historisch glaubwürdig klingenden Text der kurzen Äsop-Vita des Ps.-Aphthonios (= Test. 1 PERRY) ersetzt wurde; lediglich die beiden letzten Sätze der Vita G wurden dabei (wohl versehentlich) nicht getilgt (vgl. PERRY [1936] 166f.).

2. Vita W ist in Pg mit der ›Augustana-Sammlung‹, in Cb, Cf, Ci, F, L und M mit Fabeln der Rec. II und in Ca mit einer Sammlung kombiniert, die Fabeln beider *recensiones* vereint.

3. Vita Pl ist innerhalb der Handschriften, die neben den Fabeln auch den Roman enthalten, stets der ›Accursiana-Sammlung‹ vorangestellt.

Außer in den Handschriften Pg und Ca erscheinen also immer überlieferungsgeschichtlich einander entsprechende *recensiones* der Texte von Vita und Fabeln in einem Kodex. Und darin liegt m. E. ein gewichtiges Argument für die Annahme, daß bereits eine antike „Äsop-Ausgabe" auf den Βίος Αἰσώπου die Αἰσώπου Μῦθοι folgen ließ. Ein weiteres Indiz dafür liefert ein Satz in Kap. 100 des Äsop-Romans: „Äsop schrieb nun für ihn [= König Kroisos] seine Fabeln und Geschichten auf, die man noch heute lesen kann, und hinterließ sie ihm dann für die Bibliothek" [Αἴσωπος οὖν αὐτῷ συγγραψάμενος τοὺς ἰδίους λόγους καὶ μύθους, τοὺς ἄχρι καὶ νῦν ἀναγινωσκομένους, κατέλιπεν εἰς τὴν βιβλιοθήκην]. Bedenkt man nämlich, daß außer dem Äsop-Roman fast alle antiken Testimonien, die den λογοποιός erwähnen, nur von mündlicher Erzählung der λόγοι καὶ μῦθοι durch Äsop wissen, dann drängt sich der Gedanke auf, daß der zitierte Satz als „Beglaubigungsapparat" aufzufassen ist. Durch ihn wird dem Leser außer einem fiktiven Zeugnis über ein Ereignis im Leben Äsops die Fiktion präsentiert, daß die auf die „Biographie" folgende Fabelsammlung („die man heute noch lesen kann") von dem berühmten Fabelerzähler stammt, dessen Leben die Vita beschreibt und von dem bisher nicht bekannt war, daß er seine „Werke" schriftlich fixierte (sonst nur noch Aphth. progr. 1).

Wenn unsere Überlegung das Richtige trifft, dann lautet die nächste Frage, die wir zu stellen haben: Hat die Fiktion des Verfassers der Äsop-Vita, die Äsop zum Autor der durch die Vita eingeleiteten Fabelsammlung macht, wenigstens insofern einen wahren Kern, als die Sammlung nicht auf den Verfasser der Vita, sondern auf einen anderen Anonymus zurückgeht, oder ist er als Autor beider Teile des Buchs ›Leben und Fabeln Äsops‹ anzusehen? Einer Entscheidung für die zweite Möglichkeit stehen die Hinweise auf die Datierung der Archetypen von Äsop-Roman und ›Augustana-Sammlung‹, die wir dem erhaltenen Textmaterial entnehmen können, nicht im Wege: Da der Text eines der Papyrusfragmente der Vita, P. Berol. inv. 11628, im 2. oder 3. Jahrhundert n. Chr. geschrieben worden sein dürfte, ist ihre Entstehung in die erste Hälfte der römischen Kaiserzeit zu setzen. Und in ebendieser Epoche wurde, wie einige Fabelforscher m. E. zu Recht vermuten, der Archetypus der *recensio Augustana* verfaßt. Denn die einfache, von rhetorischen Figuren weitgehend freie Sprache der Fabeln dieser Sammlung erinnert zum einen an die Diktion des Fabelrepertoriums, dessen Reste im Papyrus Rylands 493 erhalten sind, zum anderen – zumindest in einzelnen Wendungen – an die Ausdrucksweise des Phaedrus in seinen Aesopica. Zwar hat der Autor der ›Augustana-Sammlung‹, wie noch gezeigt werden soll (s. u. S. 98), vermutlich bewußt so schlicht formuliert, aber die Ähnlichkeit seines Stils mit dem der beiden Fabelbücher des 1. Jahrhunderts läßt eher an eine Datierung in die frühe als in die späte Kaiserzeit denken.

Es gibt freilich einen gewichtigen Einwand gegen die Gleichsetzung des Autors der Äsop-Vita mit demjenigen der ›Augustana-Sammlung‹: Fünf Fabelstoffe, die in beiden Teilen des Buches ›Leben und Fabeln Äsops‹ benutzt sind – der Vita-Autor verwendet vier von ihnen für λόγοι, die Äsop in einer bestimmten Situation vorträgt (Kap. 48 ~ Aes. 85, Kap. 97 ~ Aes. 153, Kap. 125 ~ Aes. 177, Kap. 135–139 ~ Aes. 3), und einen als zentrales Motiv einer Episode der Romanhandlung (Kap. 35–37 ~ Aes. 119) – haben in allen fünf Fällen eine ganz verschiedene äußere Gestalt. Diese Beobachtung macht es wahrscheinlich, daß der Autor der Vita auf seinen Text eine Sammlung von bereits existierenden Aesopica folgen ließ.

Nun fällt aber auf, daß Äsop-Roman und ›Collectio Augustana‹

etwas miteinander gemeinsam haben, das es uns gestattet, wenigstens in Erwägung zu ziehen, daß das Buch ›Leben und Fabeln Äsops‹ von einem einzigen Autor verfaßt wurde: Wie M. NØJGAARD schon vor dreißig Jahren überzeugend nachgewiesen hat (I 131 ff.), liegt der ›Augustana-Sammlung‹ ein einheitliches narratives Konzept zugrunde, und jüngste Untersuchungen zum Äsop-Roman haben ergeben, daß auch dieser Text eine in sich geschlossene Erzählstruktur aufweist (s. u. S. 88 ff.). Es könnte also durchaus ein darstellungstechnisch geschickter Schriftsteller gewesen sein, der beide Teile des Buchs ›Leben und Fabeln Äsops‹ entsprechend den Gesetzen der Gattung, zu der sie jeweils gehören – romanhafte Biographie und Fabelbuch –, geformt hat. Er könnte dabei ganz bewußt zwischen Fabeln, die Äsop zum Zweck der situativen Applikation mündlich vorträgt, und den von dem λογοποιός schriftlich fixierten Fabeln differenziert haben; das würde jedenfalls erklären, warum die Fabeln, die, nachdem Äsop sie in der Vita erzählt hat, im zweiten Teil der „Äsop-Ausgabe" nochmals erscheinen, äußerlich gegenüber den Versionen der Vita verändert sind. Doch zugegeben: Derartige Überlegungen sind, solange es noch keine vergleichende Analyse von Sprache und Stil des Äsop-Romans und der ›Augustana-Sammlung‹ gibt, nichts weiter als eine ziemlich gewagte Hypothese.

3.1.1 ›Leben Äsops‹: Der Äsop-Roman

Obwohl der Äsop-Roman neben Petrons ›Satyrica‹ und den ›Metamorphosen‹ des Apuleius zu den antiken Vorläufern des pikaresken Romans gerechnet werden darf, war die Vita bis vor kurzem kein Gegenstand narratologischer Forschung; sie wurde lediglich textkritisch und nach den Methoden der Quellenforschung analysiert. Man mag diese befremdliche Tatsache damit zu erklären versuchen, daß der Text der Vita G noch nicht sehr lange bekannt ist und deshalb die wissenschaftliche Auseinandersetzung mit dem Werk noch in den Anfängen steckt. Bedenkt man aber, daß bereits der erste Herausgeber der Vita G, B. E. PERRY (1952), ebenso wie seine Vorgänger in der Erforschung des Äsop-Romans, die nur die epitomierten Textfassungen W und Pl kannten, vom geistigen Niveau und den literarischen Fähigkeiten seines unbekannten Verfassers eine sehr geringe Meinung hatte, lautet die Begründung dafür, daß der Äsop-Roman bis in allerjüngste Zeit nicht richtig interpretiert wurde, ganz einfach: Man hielt ihn dessen nicht für würdig.

Denn seit Lessings Freund JOHANN JAKOB REISKE den Äsop-Roman als „platten griechischen Eulenspiegel", als „eine elende Kurzweile für Hanshagel" abqualifiziert hatte (vgl. FOERSTER [1895]), las man in der Sekundarliteratur immer nur ähnlich vernichtende Urteile; sie gipfeln in der Bemerkung ANTONIO LA PENNAS, daß «anche i più fanatici credenti nella potenza ingenua dell' arte popolare si sentirebbero imbarazzati di fronte a questa Vita» (1962, 313). Anlaß zu solchen Verdikten gab denen, die sie formulierten, besonders häufig die Feststellung, daß der Äsop-Roman kein einheitliches Konzept erkennen lasse: Nach Ansicht LA PENNAS kann man die «parti» des Romans «togliere ed aggiungere a piacere, senza che il resto ne soffra», was charakteristisch sei für «opere che non sono corpi organici, unitari» (ebd.), und in B. HOLBEKS Augen hat in der Vita „jeder Abschnitt [...] seinen eigenen Charakter", weshalb dem Gelehrten „die Verbindung aller Teile zu einer Gesamterzählung [...] nicht recht geglückt" scheint (1977, 886).

Zwar gibt keiner von den Erklärern des Äsop-Romans, die eine derartige Behauptung vorbringen, eine explizite Begründung dafür, aber es liegt auf der Hand, worauf sich die These, der Roman sei ein zusammengestückeltes Machwerk, im wesentlichen stützt; eben auf jene einseitige Art von Textanalyse, die einzig nach den Quellen des Autors gefragt hat. Bis vor kurzem hat man sich nämlich die Entstehung des Äsop-Romans so vorgestellt: Der unbekannte Verfasser habe die fiktionale Vita unter Verwendung älteren Textmaterials kompiliert. Bevor wir skizzieren, wie er nach Meinung der bisherigen Erklärer des Äsop-Romans bei dieser Textklitterung vorging, geben wir eine kurze Inhaltsübersicht:

Der stumm geborene phrygische Sklave Äsop, der zu Beginn

der Romanhandlung zum Dank für eine fromme Tat von der Göttin Isis mit der Sprechfähigkeit und von den Musen mit besonderer Wortgewandtheit beschenkt wird, dient auf der Insel Samos dem Philosophen Xanthos, spielt diesem eine Reihe derber Streiche und wird, nachdem er seinem Herrn dreimal aus einer schwierigen Lage geholfen und den Bürgern von Samos ein Vogelzeichen richtig gedeutet hat, mit der Freilassung belohnt. Er weiß die Eroberung der Insel durch König Kroisos, vor der das *prodigium* warnt, dadurch zu verhindern, daß er den Lyder durch Erzählen einer Fabel für sich gewinnt. Daraufhin begibt Äsop sich nach Babylon, verhilft dessen König zur Lösung kniffliger Rätselaufgaben, wie orientalische Herrscher sie gerne einander stellen, und verschafft ihm auf diese Weise hohe Tributzahlungen des Ägypterkönigs Nektanebo. Bei einer anschließenden Reise durch Griechenland, auf der Äsop wie ein Wanderredner des 1./2. Jahrhunderts n. Chr. glanzvolle Proben seines Talents als λογοποιός gibt, beleidigt er durch Erzählen einer Fabel die Bewohner von Delphi, weshalb die Apollon-Priester ihm heimlich eine goldene Schale ins Gepäck legen, ihn wegen Tempelraubes zum Tode verurteilen und, obwohl er ihnen, um sie vor göttlicher Strafe zu warnen, Fabeln mit entsprechendem Inhalt vorträgt, ihn zwingen, sich von einem Felsen herabzustürzen. Die Götter ahnden diesen Frevel, indem sie den Delphern eine Seuche schicken, diese erfahren vom Orakel des Zeus, daß sie für die Ermordung Äsops büßen müßten, und werden von einer Strafexpedition der Griechen, Babylonier und Samier heimgesucht.

Nach Ansicht derjenigen, die sich bisher mit dem Äsop-Roman auseinandergesetzt haben, lagen dem Anonymus die vor und nach den orientalischen Abenteuern Äsops spielenden Handlungsabschnitte im großen und ganzen fertig vor. Die ältere deutsche Philologie dachte sie sich in Gestalt eines schon im 5. Jahrhundert v. Chr. oder früher verfaßten Prosa-„Volksbuches"; einer jüngeren Theorie zufolge hatten sie die Form verschiedener teils schriftlich, teils mündlich tradierter Äsop-Anekdoten, die der Anonymus weitgehend unverändert übernehmen konnte und nur lose miteinander zu verknüpfen brauchte. Zwischen die so entstandenen Episodenblöcke (Kap. 1–100. 124–142), deren Handlung größtenteils auf Samos und in Delphi lokalisiert ist, habe der Unbekannte höchst ungeschickt den Bericht über Äsops Taten in Babylon und Ägypten eingeschoben (Kap. 101–123); denn diese hatte er ja als Taten des weisen assyrischen Wesirs Achikar in einer griechischen Übersetzung des Achikar-Romans (s. o. S. 15) vorgefunden und kurzerhand auf Äsop übertragen. Doch was war der Zweck dieser plumpen Episodenklitterung? Auch dazu gibt es eine *communis opinio*; der Verfasser der vorliegenden Einführung hat sie in seiner Einführung in den antiken Roman von 1986 so formuliert: Es sei die Intention des Autors der Äsop-Vita gewesen, „einen Rahmen für die Aneinanderreihung aisopischer Fabeln zu schaffen".

Derjenige, der diesen Satz schrieb, hat nach gründlicher Analyse der Erzählstruktur des Äsop-Romans seine Meinung geändert und ist jetzt überzeugt von der Richtigkeit der zwei folgenden Thesen:

1. Zum Umgang des Anonymus mit seinen Quellen: Der Autor der kaiserzeitlichen Originalversion des Äsop-Romans reihte nicht willkürlich Episoden aneinander, sondern hatte ein einheitliches narratives Konzept, zu dem er sich zu einem nicht geringen Teil durch den Achikar-Roman inspirieren ließ; überhaupt hat er das meiste, was er über Äsops *dicta* und *facta* erzählt, aus Viten der mit dem Fabelerzähler vergleichbaren Männer des Geistes geschöpft – vor allem aus den Berichten über Hesiod, die „Sieben Weisen", Sokrates und Diogenes von Sinope –, dagegen verhältnismäßig wenig aus der älteren biographischen Überlieferung über Äsop. Er hat also nicht einfach bereits existierendes Erzählgut kompiliert und lediglich dem Zeitgeschmack angepaßt, sondern er schuf durch Motivübertragung und planvolle Verknüpfung der mit Hilfe dieser Methode von ihm selbst geschaffenen Episoden ein neues literarisches Werk.

2. Zum Verhältnis Romanhandlung/eingeschaltete λόγοι (dieser weit gefaßte Begriff wird dem Terminus „Fabel" aus gleich zu nennenden Gründen hier vorgezogen): Das Einfügen äsopischer λόγοι in die Vita geschah nicht in erster Linie um dieser λόγοι willen, sondern der Autor tat es in der Absicht, dem jeweiligen

„biographischen" Kontext eine Deutung zu unterlegen, die von Art und Aussage des eingeschalteten λόγος getragen wird.

Die durch die Strukturanalyse ermöglichten Beobachtungen, aus denen die beiden Thesen entwickelt wurden, sollen nun knapp zusammengefaßt werden.

Im Gegensatz zur bisherigen Äsop-Roman-Forschung, die den Text in die drei Erzählabschnitte „Äsop in Samos", „Äsop im Orient" und „Äsop in Delphi" unterteilt, gliedern wir die Romanhandlung so: I. Vorgeschichte (Kap. 1–19), II. Äsop und Xanthos (20–91) mit den drei Unterabschnitten II a. Äsop kommt als Sklave in das Haus des Xanthos (20–33), II b. Äsop spielt seinem Herrn Streiche (34–64), II c. Äsop hilft seinem Herrn (65–91), III. Äsop hilft den Samiern (92–100), IV. Äsop hilft König Lykoros von Babylon (101–123), V. Äsop in Delphi: Er kann sich selbst nicht helfen (124–142).

Es sind verschiedene Arten von Bauelementen, die dieses Strukturgerüst tragen, die wichtigste Rolle aber spielen m. E. zwei Gliederungsprinzipien:

1. Das Variieren der drei im Roman verwendeten Typen des äsopischen λόγος,

2. das Aufbauen dreistufiger Handlungssequenzen.

Zunächst zu Prinzip 1: Das Variieren des äsopischen λόγος geschieht vermittelst dieser drei λόγος-Typen:

A – direkte Belehrung (Monolog, Dialog);
B – Lösung eines Problems (schwirige Aufgabe, Frage, Rätsel);
C – Fabel, die in einer bestimmten Situation erzählt wird.

Der Autor hat diese drei Typen des äsopischen λόγος nicht einfach beliebig einander abwechseln lassen, sondern folgendermaßen auf die fünf Hauptabschnitte seines Romans verteilt:

1. In der Vorgeschichte (I) spricht Äsop noch wenig – er ist ja in Kap. 1–7 stumm – und setzt nur dreimal zur direkten Belehrung eines Gegenübers an.

2. In Abschnitt II, in dem Äsop als Sklave dem Xanthos dient, gibt es ebenso wie in Abschnitt IV, der im Orient spielt, nur den Typ der direkten Belehrung (A) und den der Lösung eines Pro-

blems (B), wobei allein in Abschnitt II der Typ A dahingehend abgewandelt wird, daß Äsop in der Weise des deutschen Schwankbuchhelden Till Eulenspiegel durch Allzu-wörtlich-Nehmen eines Auftrags seines Herrn diesem eine Lektion gibt.

3. In Abschnitt III, in dem Äsop den Samiern gegen Kroisos hilft, und in Abschnitt V, dem Bericht über das Geschehen in Delphi, findet sich nur die situative Applikation einer Fabel, wobei der Effekt im Samos-Abschnitt jedesmal positiv, im Delphi-Abschnitt jedesmal negativ ist; das nachfolgende Schema zeigt die Verteilung der drei λόγος-Typen auf die fünf Hauptabschnitte des Äsop-Romans im Überblick:

I – Äsop weitgehend stumm;
II – λόγος Typ A und B;
III – λόγος Typ C (positiver Effekt);
IV – λόγος Typ A und B;
V – λόγος Typ C (negativer Effekt).

Bereits aus diesem Schema ersieht man erneut die feste Einbindung des durch Bearbeitung des Achikar-Romans entstandenen Erzählabschnitts (IV) in die Gesamthandlung, denn er ist einerseits motivisch mit Abschnitt II verklammert und wird andererseits von den „Fabel-Rahmenhandlungen" (III/V) umschlossen. Außerdem weist der Geschehensverlauf dieses Erzählabschnitts bemerkenswerte Ähnlichkeiten mit dem des vorausgehenden Erzählabschnitts auf: Beide Male wird die Handlung durch den Brief eines Königs in Gang gesetzt (Kap. 92/105), beide Male unternimmt Äsop eine weite Reise, um das durch die Ankunft eines Briefes geschaffene Problem zu lösen (Kap. 98/111), und beide Male ist ein λόγος-Triptychon in die Handlung eingefügt: In Abschnitt III besteht es aus drei auf die momentane Zwangssituation bezogenen Fabeln (Kap. 94/97/99), in Abschnitt IV aus drei Fällen von Beantwortung einer Rätselfrage (Kap. 117–122). Bedenkt man nun, daß in der älteren Erzähltradition über Äsops Leben keines der in Abschnitt III berichteten Ereignisse nachzuweisen ist – es wird uns lediglich die Tatsache überliefert, daß Äsop auf Samos einmal als Ratgeber des Volkes auftrat und daß er einmal am Hofe des Kroisos weilte (Test. 33–38 und 41 PERRY) –, dann liegt nahe, folgendes zu vermuten: Der Achikar-Roman, dessen griechische Bearbeitung der Anonymus angeblich als Fremdkörper in seine Äsop-Vita einfügte, hat ihn vielmehr sogar strukturell und motivisch beeinflußt, als er den dritten Hauptabschnitt seines eigenen Romans konzipierte.

Jetzt aber zu Gliederungsprinzip Nr. 2, dem Bauen dreistufiger Handlungssequenzen! Wie der Verfasser des Äsop-Romans dieses Verfahren innerhalb eines Hauptabschnitts der Handlung anwendet, soll am Beispiel des Xanthos-Teils gezeigt werden: Dieser ist in eine Exposition (Kap. 20–33) und zwei Episodenblöcke gegliedert, deren erster (34–64) durch den λόγος-Typ „direkte Belehrung durch Allzu-wörtlich-Nehmen eines Auftrags" und deren zweiter (65–91) durch den λόγος-Typ „Lösung eines Problems" geprägt ist; dabei stehen beide λόγος-Typen jeweils im Zentrum von drei längeren Episoden. Zunächst zum ersten Typ: Äsop setzt Xanthos und dessen Gästen zum Mahl nur eine Linse (φακός) vor, nachdem der Herr ihm unter Verwendung des kollektiven Singulars befohlen hat, φακός zu kochen (39–43). Hauptereignis der zweiten Episode ist Äsops eigenwillige Ausführung des Auftrags seines Herrn, derjenigen, die es mit Xanthos gut meine, vom Gastmahl aufgehobene Speisen zu bringen – der Sklave gibt sie der Hündin des Philosophen, nicht dessen Frau (44–50) –, Hauptereignis der dritten Episode das zweimalige Servieren von Schweinszungen als Reaktion auf zwei Anweisungen, deren erste die Zubereitung dessen verlangt, was das Nützlichste im Leben ist, und deren zweite die Zubereitung dessen verlangt, was das Schlechteste im Leben ist (51–64).

Zum zweiten λόγος-Typ: Im zweiten Episodenblock des Xanthos-Abschnitts verhilft Äsop seinem Herrn folgendermaßen dreimal zur Lösung eines Problems: In Kap. 68–74 erklärt Xanthos auf die Frage eines seiner Schüler, ob ein Mensch das Meer austrinken könne, er sei dazu in der Lage, und er gewinnt die daraufhin abgeschlossene Wette, weil Äsop ihm rät, vor dem Trinken das Verstopfen aller Flußmündungen zu verlangen; in Kap. 78–80 kann Xanthos eine Grabinschrift nicht entziffern und entdeckt, weil Äsop ihm die Bedeutung der Buchstaben enthüllt, einen Schatz; in Kap. 81–91 wird Xanthos von den Samiern gebeten, ein Vogelzeichen zu deuten, und will sich umbringen, als er es nicht kann, aber Äsop springt für ihn ein und findet die richtige Erklärung. Die Schlüsse der drei Episoden bilden, wenn man sie miteinander verknüpft, eine Spannungslinie: In Kap. 74 erbittet Äsop zum Dank dafür, daß er seinem Herrn geholfen hat, seine Freilassung, erreicht sie aber nicht; in Kap. 80 wird er, obwohl Xanthos ihm diesmal sogar die Freiheit versprochen hat, in Fesseln gelegt; in Kap. 90 wird er endlich freigelassen.

Soweit das dreistufige Bauen innerhalb eines Hauptabschnitts des Romans. Das soeben kurz angesprochene Motiv „unverdiente Inhaftierung Äsops" führt uns weiter zu einer von mehreren dreiteiligen Handlungslinien, die die Hauptabschnitte des Romans miteinander verknüpfen. Äsop erleidet nämlich das Schicksal der unverdienten Inhaftierung insgesamt dreimal: Er wird von Xanthos zu Unrecht in Fesseln gelegt (Kap. 80), von dem Henker des Königs von Babylon, als dieser ihn aufgrund einer Verleumdung zum Tode verurteilt hat, in ein kerkerartiges Versteck gebracht (Kap. 104) und von den Delphern wegen eines Verbrechens, das er nicht begangen hat, ins Gefängnis geworfen (Kap. 128). Während er aber die beiden ersten Male aus der Haft befreit wird, um für den, dem er sie jeweils zu verdanken hat, ein Problem zu lösen, führt man ihn beim dritten Mal aus der Gefangenschaft direkt zur Hinrichtung. Parallel zu dieser dreigliedrigen Motivkette verläuft die dreimalige Verwendung des Motivs „Unterstellung eines Diebstahls": In der Vorgeschichte wird Äsop zu Unrecht des Diebstahls von Feigen bezichtigt (Kap. 3), im Xanthos-Abschnitt entwendet der Philosoph, während Äsop Schweinsfüße für ein Mahl zubereitet, einen davon aus dem Kochtopf, um den Sklaven in Verlegenheit zu bringen (Kap. 42), und im letzten Hauptabschnitt des Romans wird Äsop wegen eines von ihm nicht begangenen Tempelraubes angeklagt (Kap. 128). Und wieder weiß er sich zweimal geschickt aus der Affäre zu ziehen, beim dritten Mal dagegen gelingt ihm das nicht mehr.

Es gelingt ihm nicht, obwohl er den Delphern auf dem Weg zur

Richtstätte vier Fabeln erzählt, aus denen sie die Lehre ableiten sollen, daß ihr Handeln verwerflich sei (Kap. 132–141). Vergleicht man das nun mit der Art, in der Äsop sich zu Beginn des Romans vom Vorwurf des Diebstahls reinigt – dort muß er, da er noch nicht reden kann, Zeichensprache und stummes Agieren als Mittel der Verteidigung einsetzen (Kap. 3) –, dann stößt man auf einen diametralen Gegensatz zwischen Anfangs- und Schlußabschnitt des Romans, der vom Anonymus bewußt geschaffen sein muß und deshalb ganz offensichtlich etwas aussagen soll: Als Sklave und noch nicht fähig zu sprechen, weiß Äsop sich der Nachstellungen seiner Gegner zu erwehren, als reicher und berühmter Wanderredner sucht er vergeblich Rettung bei seinen λόγοι – das ist so paradox, daß dahinter das Urteil des Romanautors über die Handlungsweise seines von den Göttern mit der λογοποιία beschenkten Protagonisten stecken dürfte.

Wie es zu dieser radikalen Umkehrung der Ausgangssituation des Romans im Finale kommt, erklärt sich aus der dreiteiligen Handlungsentwicklung des aus Hauptabschnitt II, III und IV bestehenden Mittelstückes. Dort hilft Äsop zunächst durch das Lösen von Problemen hintereinander seinem Herrn Xanthos, dem Volk der Samier und König Lykoros, wobei die Abfolge der Personen, denen von dem Fabelerzähler geholfen wird, mit einer Rangsteigerung verbunden ist. Mit dieser Handlungssequenz kombiniert der Anonymus aber eine Entwicklung, in deren Verlauf Äsop immer deutlicher die Frömmigkeit, die ihn besonders in der Vorgeschichte auszeichnet, durch Hybris ersetzt, mit der er sich dann den Zorn des Apollon zuzieht: Bereits nach seinem ersten großen Erfolg als „Problemlöser", der Vermittlung des Friedens zwischen Kroisos und den Samiern, begeht Äsop den Fehler, in einem Heiligtum, das er den Musen zum Dank für ihre Gabe weiht, in der Mitte der Statuen der Göttinnen nicht ein Standbild des Musageten Apollon zu errichten, sondern eines, das ihn selber darstellt (Kap. 100, 12–14). Und als er später auch noch die Bewohner der dem Gott heiligen Stadt Delphi schmäht, unterstützt Apollon seine Priester bei ihrer Intrige gegen Äsop (Kap. 127, 4–6) und trägt so zu dessen Ermordung bei.

Äsops Schicksal erinnert geradezu an das eines Tragödienhelden wie z. B. des Ödipus, der dem thebanischen Volk durch das Lösen eines Rätsels hilft und daraufhin zum König gemacht wird, dann aber den ihn selbst betreffenden Spruch des delphischen Orakels nicht richtig deutet und deshalb ins tiefste Elend stürzt. Aber neben der m. E. unverkennbaren Absicht, den Fabelerzähler als Typus des erst allen seinen Mitmenschen überlegenen, dann aber verblendeten Weisen zu präsentieren, hatte der Verfasser des Äsop-Romans sicherlich noch eine zweite Intention, die ihm mindestens ebenso wichtig gewesen sein dürfte: die Aufdeckung des Unterschieds zwischen Schein und Sein im Verhalten mehrerer Personen, mit denen Äsop zusammenkommt. Die mit diesem Anliegen eng verknüpfte Verwendung von Erzählmotiven wie „Stummer stellt Redende bloß" oder „als Sklave Geborener gewitzter als ein Philosoph, Rat und Volksversammlung eines Staatswesens und mächtige Könige" ist bekanntlich charakteristisch für Literaturgattungen, die eine „Verkehrte Welt" darstellen, allen voran die Gesellschafts- und Moralsatire.

Wie stark das sozial- und sittenkritische Engagement des Anonymus ist, bleibt freilich noch zu untersuchen. Denn Textanalyse, die nach der geistigen Aussage und dem Zeitbezug von Literatur fragt, gibt es im Bereich der Erforschung des Äsop-Romans noch nicht; sie wird es auch sicherlich nicht leicht haben bei einem Autor, dessen Name und dessen Herkunft unbekannt sind, und einem Werk, das man nur ungefähr datieren kann. Immerhin läßt sich schon jetzt soviel sagen, daß auch Weltsicht und Menschenbild des Verfassers der griechischen Vita ihn in die Nähe der Verfasser pikaresker Romane rücken, also nicht nur seine in diesem Abschnitt hauptsächlich aufgezeigte Fähigkeit, die Abenteuer seines Romanprotagonisten miteinander zu einer kompositionellen Einheit zu kombinieren.

3.1.2 ›Fabeln Äsops‹: Die ›Augustana-Sammlung‹

In Kap. 109 f. des Äsop-Romans hält der Fabelerzähler eine lange Rede, in der er einem jungen Mann, den er in Babylon zu seinem Adoptivsohn gemacht hat, Lehren über das richtige Verhalten im Umgang mit den Mitmenschen erteilt. Bei dieser Rede handelt es sich wie bei den übrigen Kapiteln in Abschnitt IV der Vita (101–123) um eine Bearbeitung der entsprechenden Passage im Achikar-Roman. Aber im griechischen Text vermißt man eine bestimmte Methode „äsopischen" Dozierens, die – so läßt sich aus einem aramäischen Achikar-Papyrus des 5. Jahrhunderts v. Chr. erschließen (vgl. OETTINGER [1992] 13) – in der Vorlage des Äsop-Romans in etwa einem Viertel der Rede angewandt wurde: die Exemplifikation von ethischen Maximen durch Fabeln. Warum ließ der Verfasser des Äsop-Romans den λογοποιός an dieser Stelle der Vita keine Fabeln erzählen? Eine plausible Antwort wäre: Weil die in der Rede Achikars vorliegende Form der Präsentation von Fabeln – sie werden hier ja nicht situativ appliziert, sondern es werden zum Zweck der moralischen Unterweisung des Zuhörers bzw. Lesers mehrere λόγοι aneinandergereiht – an die Form der Präsentation von Fabeln erinnert, wie wir sie in einem Fabelbuch finden, und eine solche war innerhalb des Buches ›Leben und Fabeln Äsops‹ dem zweiten Teil vorbehalten.

Dürfen wir also in der auffälligen Art, in der der Verfasser des ersten Teils des Buches ›Leben und Fabeln Äsops‹ mit dem Sprüche- und Fabelkatalog des Achikar-Romans umging, ein weiteres Indiz dafür sehen, daß er es war, der erstmals das uns in der Gestalt der ›Collectio Augustana‹ überlieferte Fabelbuch mit dem Äsop-Roman verband? Wenn wir es tun – und wir haben m. E. Gründe dafür –, dürfen wir auch die Vermutung wagen, daß die Zusammenstellung der in der Originalfassung der ›Augustana-Sammlung‹ enthaltenen Fabeln durch einen Autor erfolgte, der wie Babrios die orientalische Fabelliteratur kannte. Angenommen, es war so, dann ließe sich für eine Gemeinsamkeit, die zwischen dem Fabelbuch des Babrios und der ›Collectio Augustana‹ besteht, eine Erklärung finden: Die Fabeln der Sammlung sind nämlich wie die

›Mythiamben‹ im ›Codex Athous‹ in alphabetischer Reihenfolge angeordnet, und wir hatten gesehen, daß bereits sumerische Sammlungen des 2. Jahrtausends v. Chr. in vergleichbarer Weise gegliedert waren (s. o. S. 59); es bietet sich also an, dieses System des Buchaufbaus wie bei den ›Mythiamben‹ auch bei der ›Collectio Augustana‹ als das schon im Archetypus benutzte System zu betrachten und zu prüfen, in welcher Weise der Autor des Fabelbuches es handhabte.

Freilich ist bei einem solchen Text weit eher als bei einem Versfabelbuch mit inhaltlichen und strukturellen Veränderungen durch Bearbeiter zu rechnen. Allein die Tatsache, daß in den mit Sicherheit erst in spätantiker bzw. byzantinischer Zeit redigierten Fabelsammlungen, die auf die ›Augustana-Sammlung‹ zurückgehen, Rec. I a, II und III, Fabeln stehen, die unter den 231 in den Handschriften der Rec. I erscheinenden Fabeln fehlen, verbietet es uns, das Bild, das uns die Kodizes vom Aufbau der ›Collectio Augustana‹ vermitteln, als treue Wiedergabe des Originals zu betrachten. Aber wie beim ›Codex Pithoeanus‹, in dem die fünf Bücher ›Fabulae Aesopiae‹ des Phaedrus in gekürzten Fassungen auf uns gekommen sind (s. o. S. 43 ff.), dürfen wir auch bei der ›Collectio Augustana‹ für möglich halten, daß sich die Buchstruktur des Archetypus wenigstens noch in einzelnen Fabelsequenzen erkennen läßt. So hat man etwa bei Lektüre der vier Hirschfabeln (Aes. 74–77), in denen das (hier erstmals in der Sammlung auftauchende) Motiv „Fabelfigur beklagt im Sterben ihr unglückliches Ende" kunstreich variiert wird, den Eindruck, daß diese „Tetralogie" vom Autor der kaiserzeitlichen Urfassung der ›Collectio Augustana‹ und nicht von einem byzantinischen Redaktor zusammengestellt wurde. Entsprechendes gilt z. B. für die fünf Zeusfabeln Aes. 105–109 und ihre reizvolle Verklammerung durch thematische, strukturelle und sprachliche Bezüge.

Es muß jedoch einer Spezialarbeit vorbehalten bleiben, dergleichen anhand dieser und anderer Fabelgruppen im Detail zu untersuchen. Was bereits gründlich analysiert wurde, sind die narrativen Strukturen von Fabeltexten der ›Augustana-Sammlung‹. Hier besitzen wir die wertvollen Ausführungen M. NØJGAARDS (1964–1967, I 131 ff.), die, wie schon erwähnt, den Nachweis erbracht haben, daß wir es bei der ›Collectio Augustana‹ nicht mit einer „Sammlung" im eigentlichen Sinne des Wortes, sondern mit einem auf das einheitliche literarische Konzept eines einzigen Autors zurückgehenden Fabelbuch zu tun haben. An die Ergebnisse des dänischen Gelehrten anknüpfend, wollen wir nun ein Textbeispiel (Aes. 116) zum Ausgangspunkt für eine kurze Erörterung der Erzähltechnik des Anonymus nehmen:

Καρκίνος ἀναβὰς ἀπὸ τῆς θαλάσσης ἐπί τινος αἰγιαλοῦ μόνος ἐνέμετο. ἀλώπηξ δὲ λιμώττουσα, ὡς ἐθεάσατο αὐτόν, ἀποροῦσα τροφῆς, προσδραμοῦσα συνέλαβεν αὐτόν. ὁ δὲ μέλλων καταβιβρώσκεσθαι ἔφη ʽἀλλ' ἔγωγε δίκαια πέπονθα, ὅτι θαλάσσιος ὢν χερσαῖος ἠβουλήθην γενέσθαι.ʼ
5 Οὕτω καὶ τῶν ἀνθρώπων οἱ τὰ οἰκεῖα καταλιπόντες ἐπιτηδεύματα καὶ τοῖς μηδὲν προσήκουσιν ἐπιχειροῦντες εἰκότως δυστυχοῦσιν.

Ein Krebs stieg aus dem Meer und wollte nun allein an einer Küste leben. Als aber ein Fuchs, der Hunger hatte, ihn erblickte, lief dieser aus Mangel an <anderer> Nahrung herbei und packte ihn. Er aber, im Begriff aufgefressen zu werden, sagte: „Wahrhaftig, das geschieht mir recht, weil ich, ein Meeresbewohner, ein Landbewohner werden wollte."

So erleiden auch diejenigen unter den Menschen, die ihre gewohnten Beschäftigungen aufgeben und Dinge in Angriff nehmen, die nicht zu ihnen passen, mit Recht Unglück.

Besonders typisch für die meisten Fabeln der ›Augustana-Sammlung‹ ist die Ausgewogenheit ihres Aufbaus, die auch unser Text zeigt: Hier wird sie innerhalb des erzählenden Abschnittes dadurch bewirkt, daß den drei Sätzen, aus denen dieser Abschnitt besteht, die drei Teile „Exposition", „eigentliche Handlung" und „abschließende Bemerkung einer handelnden Person" entsprechen. Eine solche Dreiteilung weisen zwar viele Texte der gesamten antiken Fabelliteratur seit der Frühzeit der Gattung auf (s. o. S. 23), aber in keinem anderen Fabelbuch als der ›Collectio Augustana‹ finden wir so häufig, daß Anfangs-, Mittel- und Schlußabschnitt einer Fabelerzählung eine symmetrische Struktur formen. Sieht man einmal ab von den 12 ätiologischen Fabeln

(Aes. 3, 39, 103, 105, 106, 108, 109, 117, 163, 166, 171, 185), den 9 Rangstreitfabeln (Aes. 12, 14, 20, 46, 70, 130, 213, 223, 229), den zwei λόγοι pseudonaturwissenschaftlichen Inhalts (Aes. 118, 218) und Aes. 71, einem „rhetorischen Prunkstück", dann stellt man fest, daß von den übrigen 207 Fabeln der in unseren Handschriften insgesamt 231 Stücke umfassenden Sammlung immerhin 136 dreigeteilt sind; nur in 25 Fabeln bilden mehr als drei Handlungsstufen eine Erzählsequenz, wobei es sich überwiegend um Fabeln handelt, die in ihrer äußeren Form nahezu an eine Kurzgeschichte erinnern (Aes. 1, 9, 28, 31, 50, 53, 57, 73, 84, 89, 90, 101, 134, 142, 145, 150, 162, 165, 170, 172, 173, 180, 181, 200, 210). Die restlichen 46 Fabeln setzen sich aus zwei Teilen zusammen, und auch diese Gruppe ist, was die Ausgewogenheit der Fabelstruktur betrifft, bemerkenswert homogen (Aes. 7, 15, 27, 29, 33, 34, 37, 42, 45, 54, 58, 61, 64, 76, 96, 98, 104, 110, 114, 119, 128, 135, 136, 137, 139, 141, 157, 167, 169, 174, 183, 184, 189, 192, 198, 202, 205, 206, 212, 215, 216, 217, 219, 220, 224, 228).

Wie in unserem Textbeispiel kommt es in mehreren Fabeln vor, daß Hunger oder Durst eines Tieres eine Aktion in Gang setzt, und eine besondere Vorliebe hat der Verfasser der ›Collectio Augustana‹ dafür, den Moment, in dem eine Fabelfigur etwas „erblickt" (vgl. Z. 2 ὡς ἐθεάσατο; sonst auch θεασάμενος), zum Ausgangspunkt einer Geschehensentwicklung zu machen, und zwar in allen Teilen einer dreigliedrigen Erzählung; im dritten Abschnitt ist es meistens eine erst am Ende der Handlung in Erscheinung tretende Figur, die „erblickt" und die dann abschließende Worte spricht (vgl. z. B. Aes. 56). Eine solche das Geschehen kommentierende oder resümierende Bemerkung füllt in ca. ⅔ der Texte des Prosafabelbuches den dritten Teil der Erzählung aus; sie beinhaltet am häufigsten einen Vorwurf, den eine handelnde Figur einer anderen wegen deren Verhaltens macht, relativ oft – wir werden auf diesen Fall, der auch in dem oben zitierten Fabeltext vorliegt, zurückkommen – die Klage einer Figur, der ein Mißgeschick widerfahren ist oder die im Begriff ist zu sterben, und nicht selten die Antwort auf eine Frage. Am Ende einer Fabelhandlung benutzt der anonyme Autor manchmal die Formel „Und so kam es, daß ..." (οὕτω τε συνέβη ...), z. B. in einigen Fabeln mit mehr als drei Teilen.

Geschah es in einer bestimmten Absicht, daß der Autor der ›Collectio Augustana‹ seine Fabeln überwiegend so schlicht, so einheitlich und unter Verwendung von Formeln erzählte? Wir meinen, daß er „Authentizität" fingieren wollte: Das zeitgenössische Publikum sollte den Eindruck gewinnen, es lese den „echten Äsop", der seine λόγοι vor vielen Jahrhunderten, als die griechische Prosa noch in ihren Anfängen steckte, in denkbar einfacher, vom Schwulst der Rhetoren der Gegenwart freier Diktion aufgezeichnet hatte; von „Äsop" konnte man sich ja gut vorstellen, daß er beim Niederschreiben der großen Masse von Fabeln, die er beim mündlichen Vortrag je nach Gelegenheit immer ein wenig anders ausgestaltet hatte, zwangsläufig in einen gewissen Schematismus verfallen war. Vielleicht war es sogar so, daß der Autor der ›Collectio Augustana‹ sein Prosafabelbuch als Gegenstück zu dem Versfabelbuch des Babrios konzipierte. Denn wenn man die beiden Bücher miteinander vergleicht, erscheinen die ›Mythiamben‹ als ein kunterbunter Reigen kunstvoll ausgeschmückter Märchen, die Fabeln der ›Collectio Augustana‹ dagegen als die gesammelten Werke eines „professionellen" Fabelerzählers – eben desjenigen Mannes, der nach allgemeiner Auffassung die Gattung innerhalb der griechischen Literatur begründet hatte. Die Tatsache, daß viele Fabeln der ›Augustana-Sammlung‹ mit Fabeln des Babrios verwandt sind, läßt nicht nur die Annahme zu, daß der Dichter das Prosafabelbuch als Vorlage benutzte oder beide Autoren aus einer gemeinsamen Quelle schöpften (s. o. S. 66), sondern es ist gleichfalls möglich, daß der Verfasser der ›Collectio Augustana‹ die ›Mythiamben‹ kannte.

Der Kontrast zwischen den Prosafabeln der ›Augustana-Sammlung‹ und den Versfabeln des Babrios, eines Erzählers, dem ein Fabelstoff meist wichtiger war als die damit zu verknüpfende Lehre, ist m. E. auch von Bedeutung für die Beantwortung der folgenden Frage: Ist die in der uns überlieferten *recensio* der ›Collectio Augustana‹ gültige Regel, daß eine darin enthaltene Fabel stets mit einem Epimythium schließt, auch für den Archetypus vorauszusetzen? Diese Frage wird unbedingt bejahen, wer mit dem Verfasser dieser Einführung davon ausgeht, daß die Originalversion des Fabelbuches den zeitgenössischen Lesern als „Äsop-Ausgabe" präsentiert wurde. Denn in einer solchen mußte auf jeden Fall immer – nicht nur gelegentlich, wie es bei Babrios geschieht – explizit zum Ausdruck gebracht werden, welche Lehre der „Homer" der Gattung aus einer Fabel gezogen wissen wollte; ob dem Autor der ›Collectio Augustana‹ die ›Mythiamben‹ des Babrios vorlagen oder nicht – das Fabelbuch, das der Anonymus als Werk des ersten griechischen λογοποιός ausgab, mußte ebensooft ein *fabula docet* wie eine Fabelerzählung zu bieten haben. Außerdem paßt es ausgezeichnet zu unseren bisher an der äußeren Gestalt der Fabeln der ›Augustana-Sammlung‹ gemachten Beobachtungen, daß ihr Autor auch in den Texten der Epimythien Formeln benutzte. Er hat sie aus Wendungen entwickelt, mit denen bereits Fabelerzähler früherer Epochen das *fabula docet* einleiteten; im Hinblick auf diese Tradition können wir in der ›Collectio Augustana‹ zwei Typen von Epimythien unterscheiden:

1. Das Epimythium mit der Einleitungsformel „So müssen nun auch wir ..." (ἀτὰρ οὖν καὶ ἡμᾶς δεῖ ...: 9 Fälle) oder „So [geht es dem, der/denen, die] ..." (οὕτως ...: 87 Fälle): Vorbild ist die Art der Vermittlung des *fabula docet*, wie wir sie in Texten finden, in denen Fabeln als Exempla erscheinen („So auch du/ihr ..."; s.o. S. 23).
2. Das Epimythium mit der Einleitungsformel „Diese Fabel paßt auf [Menschentyp x und y] ..." (οὗτος ὁ λόγος ἁρμόττει πρὸς ... o.ä.: 50 Fälle) oder „Die Fabel zeigt/lehrt ..." (ὁ λόγος δηλοῖ/διδάσκει ...: 85 Fälle): Vorbild sind die Promythien der erstmals in hellenistischer Zeit entstandenen Fabelrepertorien, deren Existenz der Papyrus Rylands 493 bezeugt ([auf Menschentyp x und y] „paßt die folgende Fabel"; s.o. S. 27).

Die Tatsache, daß in der ›Collectio Augustana‹ diese beiden Typen von Epimythien nebeneinander vorkommen, könnte dazu verlocken, der Frage nachzugehen, ob der Anonymus die Vorlagen für seine Fabeln nur zwei ganz bestimmten Sorten von Quellen entnahm: die Vorlagen für die Fabeln mit Epimythien des

Typs Nr. 1 den Werken verschiedenster Autoren, die ihre Gedanken mit Hilfe von Fabeln exemplifizieren, die Vorlagen für die Fabeln mit Epimythien des Typs Nr. 2 irgendwelchen Fabelrepertorien. Aber zum einen fehlt uns die Möglichkeit, eine Antwort auf die Frage nach dem Ursprung der Fabeln mit Epimythien des Typs Nr. 2 auf der Basis eines Textvergleiches zu suchen, da das einzige Fabelrepertorium, das wir besitzen, der Rylands-Papyrus, nur in Bruchstücken vorhanden ist. Zum anderen ist einem Autor, der, wie NØJGAARD (1964–1967, I 131 ff.) nachgewiesen hat, bei der Bearbeitung der erzählenden Abschnitte der ihm vorliegenden Fabeln seine eigene narrative Technik und sein eigenes geistiges Anliegen zur Geltung brachte, ohne weiteres zuzutrauen, daß er sich bei der Wahl der ein Epimythium eröffnenden Formel nicht von seiner Quelle leiten ließ, sondern vom Inhalt der Lehre, die er zum Ausdruck bringen wollte. Überdies müssen wir bei den Epimythien, die in unseren Handschriften stehen, in sehr hohem Maße damit rechnen, daß spätantike bzw. byzantinische Bearbeiter Änderungen am Wortlaut vornahmen.

Auch bezüglich der ›Collectio Augustana‹ läßt sich also über die von ihrem Autor benutzten Vorlagen nichts Sicheres sagen. Wir können lediglich feststellen, daß wie in den Fabelbüchern des Phaedrus und Babrios auch in diesem Aesopica-Text viele Fabeln stehen, die wir nur von seinem Verfasser kennen: Die genaue Zahl dieser Fabeln ist 102 (vgl. den Apparat in CFA), und wenn man zu ihnen die 14 Fabeln addiert, die außer in der ›Augustana-Sammlung‹ nur in den Sammlungen des Ignatios Diakonos, des „Syntipas" und des Rhetor Brancatianus auftauchen (Aes. 13, 60, 69, 76, 86, 97, 120, 147, 149, 184, 192, 201, 219, 228), also bei byzantinischen Fabelerzählern, dann kommen wir mit 116 Fabeln auf ziemlich genau die Hälfte der insgesamt 231 Fabeln umfassenden ›Collectio Augustana‹. Wie bei Phaedrus und Babrios sind es auch bei dem Anonymus die bei keinem anderen Fabelerzähler zu findenden schwankhaften Geschichten, von denen man am ehesten vermutet, daß derjenige, in dessen Text wir sie lesen, sie selbst erdacht hat. Dies verdient beim Autor des zweiten Teils des Buches ›Leben und Fabeln Äsops‹ unser spezielles Interesse, weil mancher dieser Schwänke mit seinem derben Humor an die meist ebenso derben Schwänke erinnert, die sich im Xanthos-Abschnitt des Äsop-Romans (Kap. 20–91) finden; man vergleiche z. B. Aes. 57, 89, 95 oder 170.

Ein weiterer Fall von stofflicher Verwandtschaft zwischen der ›Collectio Augustana‹ und dem Äsop-Roman soll im folgenden etwas näher betrachtet werden. Auf der einen Seite der Vergleichsebene, auf die wir uns begeben wollen, steht der bereits erwähnte Typ einer Fabel, deren Handlung mit der Klage einer Person über ein ihr widerfahrenes Unglück endet; unser Textbeispiel (Aes. 116) zeigt zusammen mit 8 weiteren Fabeln die eine von zwei Varianten des Typs: Hier sieht die klagende Person, die im Begriff ist, eines gewaltsamen Todes zu sterben, ihr Schicksal als verdient an (Formel: δίκαια πάσχω o. ä.; vgl. Aes. 77, 120, 148, 176, 181, 187, 203, 209); in 10 Fabeln, die die andere Variante aufweisen, ruft die klagende Person lediglich: „Ich Unglückselige[r]" (ἄθλιος ἔγωγε o. ä.; vgl. Aes. 25, 74, 75, 76, 80, 86, 115, 128, 131, 147). Zwar kennen auch Phaedrus und Babrios diesen Fabeltyp (vgl. z. B. Ph. I 12 und Ba. 43 mit Aes. 74), aber der Autor der ›Collectio Augustana‹ verwendet ihn weit öfter als sie, und immerhin 13 von den insgesamt 19 Fabeln, die hierher gehören (vgl. außerdem Aes. 139 und 144, beide ohne Parallele), lesen wir nur bei ihm.

Ebenso wie fast alle diese 19 Fabeln der ›Collectio Augustana‹, deren erzählende Abschnitte in die Klage einer handelnden Person münden, in Exposition, Haupthandlung und Finale gegliedert sind, lassen sich, wie wir bereits gesehen haben, im Äsop-Roman drei solche Teile unterscheiden, und sie ähneln den drei Teilen der Fabelhandlung unseres Typs auch in der Abfolge: In Kap. 1–19 wird Äsop von den Musen mit der Gabe der λογοποιία beschenkt, in Kap. 20–123 bedient er sich ihrer zu seinem Vor- und Nachteil, in Kap. 124–141 führt Mißbrauch, den er mit ihr treibt, zu seiner Hinrichtung. Bevor diese erfolgt, macht er, weil er ahnt, daß es für ihn keine Rettung mehr gibt, zwei Bemerkungen, die an die Klageworte einer dem Tod ins Angesicht blickenden Fabelfigur der ›Collectio Augustana‹ zumindest von ferne anklingen. Kurz nach der Verhaftung ruft er aus: „Wie werde ich, der ich sterblich bin, dem, was mir bevorsteht, entrinnen können?" (Kap. 128, 11: νῦν ἐγὼ θνητὸς ὢν πῶς δυνήσομαι τὸ μέλλον ἐκφυγεῖν;). Und zu einem Freund, der, weil er an dieser Stelle des Romans zum ersten Mal auftritt, der Fabelfigur gleicht, die M. NØJGAARD «le survenant» nennt, sagt Äsop: „Ich hatte den Rest meines Verstandes verloren, als ich nach Delphi reiste" (Kap. 131, 16 f.: ἀπώλεσα [...] καὶ ὃν πρῶτον εἶχον νοῦν εἰς Δελφοὺς εἰσελθών); dieser Selbstvorwurf ist dem des Krebses in Aes. 116, der seinen Fehler darin sieht, daß er, der Meeresbewohner, ein Landbewohner werden wollte, geradezu auffallend eng verwandt.

Es stehen also zwei in drei Stufen erfolgende tragödienartige Geschehensentwicklungen einander gegenüber, die eine innerhalb einer kurzen Fabel, die andere in einer fiktionalen Darstellung der Vita des berühmtesten Fabelerzählers, von dessen gewaltsamem Tod man zwar schon im 5. Jahrhundert v. Chr. zu berichten wußte (Test. 20 PERRY), dessen Lebensgeschichte aber erst ein anonymer Autor des 2./3. Jahrhunderts in der Weise darstellte, in der wir sie im Äsop-Roman lesen. Dürfen wir erneut die Vermutung wagen, daß der Verfasser dieses Romans mit dem Verfasser des Fabelbuches, das wir ›Collectio Augustana‹ nennen, identisch ist? Doch auch wenn sich aus einer gründlichen Untersuchung des Problems ergeben sollte, daß Romanautor und Fabelbuchautor verschiedene Personen gewesen sein müssen, bleibt als Resultat der hier zu dem Problem vorgetragenen Überlegungen festzuhalten, daß das Aufbauen von dreistufigen Handlungen für beide Erzähler charakteristisch ist: Im Vergleich mit den Aesopica der ›Collectio Augustana‹, in denen den Sterbeworten einer Person eine Exposition und eine Haupthandlung vorausgehen, wirkt das aus Kap. 1–19, 20–123 und 124–142 der Äsop-Vita zusammengesetzte Triptychon wie eine auf die Länge eines antiken Romantextes gestreckte Fabel.

Eine weitere Gemeinsamkeit zwischen Vita und Fabelbuch, auf die hingewiesen zu werden verdient, besteht darin, daß in beiden Werken einem Thema, dessen Verwendung man am häufigsten in satirischer Literatur findet, breiter Raum gegeben wird: der Aufdeckung des Unterschiedes zwischen Schein und Sein. Dieses

Thema, dessen Bedeutung innerhalb des Äsop-Romans wir bereits erwähnt haben (s. o. S. 93), liegt innerhalb der ›Collectio Augustana‹ nicht nur einer Fülle von Fabeln zugrunde, sondern es wird dort überdies – auch das hatten wir bereits angedeutet (s. o. S. 31 f.) – oftmals mit einem Sarkasmus behandelt, der an denjenigen Lukians denken läßt. Wie bei dem Samosatenser die Menschen, die sich einer Illusion hingeben oder anderen etwas vorgaukeln, oft auf sehr grobe Weise auf den Boden der Realität zurückgeholt bzw. entlarvt werden, so geschieht es immer wieder auch den in einer Scheinwelt lebenden Fabelfiguren und denen, die lügen oder betrügen, in der ›Augustana-Sammlung‹; als Textbeispiel zitieren wir Aes. 121:

Κιθαρῳδὸς ἀφυὴς ἐν κεκονιαμένῳ οἴκῳ συνεχῶς ᾄδων, ἀντηχούσης αὐτῷ τῆς φωνῆς, ᾠήθη ἑαυτὸν εὔφωνον εἶναι σφόδρα. καὶ δὴ ἐπαρθεὶς ἐπὶ τούτῳ ἔγνω δεῖν καὶ εἰς θέατρον εἰσελθεῖν. ἀφικόμενος δὲ ἐπὶ σκηνὴν καὶ πάνυ κακῶς ᾄδων λίθοις βαλλόμενος ἐξηλάθη.
5 Οὕτω καὶ τῶν ῥητόρων ἔνιοι ἐν σχολαῖς εἶναί τινες δοκοῦντες, ὅταν ἐπὶ τὰς πολιτείας ἀφίκωνται, οὐδενὸς ἄξιοι εὑρίσκονται.

Ein unbegabter Sänger sang andauernd in einem kalkgetünchten Raum, und weil seine Stimme dort volltönend widerhallte, glaubte er, er habe eine sehr gute Stimme. Und da er deswegen nun sehr stolz war, beschloß er, er müsse auch im Theater auftreten. Als er aber auf der Bühne stand und sehr schlecht sang, wurde er mit Steinen beworfen und davongejagt. So werden auch manche Redner, die auf den Schulen für etwas gelten, dann, wenn sie ins politische Leben treten, als untauglich erkannt.

Es ist uns selbstverständlich bewußt, daß wir das häufige Vorkommen der Kontrastierung von Schein und Sein im Äsop-Roman und in der ›Collectio Augustana‹ nicht als Argument für die Gleichsetzung des Autors der Vita mit dem Autor des Fabelbuches verwenden dürfen, da das Zerreißen von Trugbildern ein Anliegen vieler Autoren von Werken der antiken Literatur ist. Wir verzichten deshalb darauf, weitere motivische Vergleiche zwischen Äsop-Roman und ›Collectio Augustana‹ zu ziehen. Statt dessen beenden wir diesen Abschnitt und erlauben uns, auch einmal mit Worten der „Klage" zu schließen; sie lauten: Es ist im höchsten

Grade bedauerlich, daß das Buch ›Leben und Fabeln Äsops‹ uns nicht in seiner ursprünglichen Gestalt erhalten ist.

Während über die Fortschritte auf dem Gebiet der Erforschung griechischer Sammlungen von Prosafabeln nie berichtet wurde, liegt für den Äsop-Roman jetzt wenigstens eine umfangreiche Bibliographie vor: BESCHORNER/HOLZBERG (1992). Der Text der Vita G wurde ediert von PERRY (1952) und PAPATHOMOPOULOS (1990), nach dessen Ausgabe in dieser Einführung zitiert wird (vgl. aber HASLAM [1992]), Übersetzungen dieser Version des Romans (mit Ergänzungen aus Vita W) gibt es von DALY (1961 a) und POETHKE (1974). Vita W wurde von WESTERMANN (1845) und PERRY (1952) ediert, Vita Pl von EBERHARD (1872); die Papyri des Romans findet man bei ZEITZ (1935), PERRY (1936) sowie bei HASLAM (1980–1986). Unentbehrliche Hilfsmittel für die Arbeit am sehr schlecht überlieferten Text der Vita G sind der Index (zu PERRY [1952]) von DIMITRIADOU-TOUFEXI (1981), die Zusammenfassung aller bisherigen textkritischen Untersuchungen von PAPATHOMOPOULOS (1989), die Analysen der Sprache des Romans von BIRCH (1955) und HOSTETTER (1955) und – last not least – die Arbeiten zur Überlieferungsgeschichte von MARC (1910), PERRY (1933) & (1936) & (1952) 1–32 & (1966) und HOWER (1936). Gesamtdarstellungen (die freilich überwiegend quellenpositivistisch ausgerichtet sind) bieten ZEITZ (1936), HAUSRATH (1940) 114–140, LA PENNA (1962), HOLBEK (1977), ADRADOS (1979) & (1979–1987) I 661–697 und JEDRKIEWICZ (1989) 39–215, lesenswerte Darstellungen zum Quellenproblem WIECHERS (1961), WINKLER (1985) 276–291 und LUZZATTO (1988); eine besondere Gruppe innerhalb der Literatur zu den Vorlagen des Äsop-Romans bilden die Arbeiten zum Achikar-Roman, unter denen diejenigen von E. MEYER (1912), CONEYBEARE/HARRIS/LEWIS (²1913), HAUSRATH (1918), DEGEN (1977), LINDENBERGER (1985), WILSDORF (1991), OETTINGER (1992) und KUSSL (1992) hervorgehoben zu werden verdienen. Untersuchungen zur Erzählstruktur des Äsop-Romans findet man innerhalb des von HOLZBERG (1992a) herausgegebenen Aufsatz-Sammelbandes bei BRODERSEN, HOLZBERG, MERKLE, MIGNOGNA und SCHAUER/MERKLE, auf deren Abhandlungen in demselben Band die Untersuchungen zum Nachleben des Äsop-Romans von BESCHORNER und HILPERT folgen.

Über die Ausgaben der ›Augustana-Sammlung‹ und der Sammlungen, denen sie als Vorlage gedient hat, haben wir ebenso wie über die Übersetzungen ausführlich in der Einleitung o. S. 5ff. berichtet; hier ist zu ergänzen, daß auch ein Index zu den Sammlungen existiert: GARCIA/LOPEZ

(1991). Fast die gesamte Forschungsliteratur zu den Sammlungen besteht aus Untersuchungen zu ihrer Überlieferungsgeschichte, die meist mit Versuchen, ihre Genese zu datieren, und sprachlich-stilistischen Analysen verknüpft sind; zu nennen sind hier die Arbeiten von HAUSRATH (1894) & (1901), der sein Leben lang die These vertrat, die Fabeln der ›Collectio Augustana‹ seien größtenteils das Ergebnis von Übungen, die kaiserzeitliche Rhetoren mit ihren Schülern veranstalteten, MARC (1910) PERRY (1936) & (1952) 295–311, ADRADOS (1948) & (1952) & (1969–1970) & (1979–1987) & (1984), dessen Datierung der ›Collectio Augustana‹ ins 4./5. Jahrhundert n. Chr. und dessen Versuch, über eine „Prae-Augustana" (ca. 100 n. Chr.) und eine „Ur-Augustana" (2. Jh. v. Chr.) zu einer Sammlung von in jambischen Trimetern verfaßten Fabeln vorzudringen, ebensowenig überzeugen kann wie der Datierungsansatz von LUZZATTO (1983): Die italienische Forscherin denkt sich die ›Augustana-Sammlung‹ im 10. Jahrhundert n. Chr. entstanden, da sie – unverkennbar unter dem Einfluß der von ihr bekämpften Thesen von ADRADOS stehend – in den Fabeltexten die Reste „politischer" byzantinischer Verse wiederzuerkennen glaubt. Interpretiert werden die Fabeln der ›Collectio Augustana‹ lediglich in dem umfangreichen Abschnitt über die ›Augustana-Sammlung‹ in dem Buch von NØJGAARD (1964–1967, I 131–419; vgl. auch die wichtigen literaturgeschichtlichen Ausführungen ebd. 480ff.), dem dieses Kapitel der Einführung wiederum wertvolle Anregungen verdankt.

3.2 Der ›Aesopus Latinus‹

Nicht nur griechische, sondern auch Lateinisch sprechende Leser von Fabelbüchern erhielten irgendwann in der römischen Kaiserzeit die Gelegenheit, den „echten" Äsop kennenzulernen: in einem wahrscheinlich im 4. Jahrhundert entstandenen ›Aesopus Latinus‹, dessen anonymer Verfasser die Fiktion, die Fabeln dieses Buches stammten von dem Archegeten der Gattung, dadurch erzeugte, daß er ihnen ein Widmungsschreiben des „Aesopus" an einen „Rufus" (= Xanthos, Äsops Herr in der Vita?) vorausschickte (S. 4–6 Th.). Aber damit nicht genug des Beglaubigungsapparates: Innerhalb der vier Handschriftenklassen, in denen uns Fabeln des ›Aesopus Latinus‹ überliefert sind, erscheint in zwei *recensiones* vor dem genannten Brief das Schreiben eines „Romulus" an seinen Sohn „Tiberinus" (S. 2f. Th.), worin der Verfasser behauptet, er habe die nachstehenden Äsop-Fabeln aus dem Griechischen ins Lateinische übersetzt. Doch sowohl bei dieser als auch bei der anderen Dedikationsepistel handelt es sich eindeutig um literarische Fälschungen, denn beide Briefe sind nicht sonderlich geschickt aus Bruchstücken von Formulierungen des Phaedrus zusammengesetzt; diese sind den Prologen und Epilogen der >Fabulae Aesopiae< entnommen und wurden z. T. doppelt verwendet, weshalb die beiden Briefe, in denen es vor allem um den Nutzen der Fabeln für den Adressaten geht, Berührungen im Wortlaut aufweisen. Und die erste Fabel, die auf die Episteln folgt, >Hahn und Perle<, ist eine Prosabearbeitung von Ph. III 12.

Der spätestens bei Lektüre dieser Fabel aufkommende Verdacht, als >Aesopus Latinus< werde uns hier ein Prosa-Phaedrus präsentiert, erhärtet sich, wenn man weiterliest. Denn 47 von den insgesamt 81 Fabeln, die eine der beiden mit dem Brief des „Romulus" beginnenden *recensiones* des >Aesopus Latinus<, die *rec. Gallicana*, enthält – in der anderen, der *rec. vetus*, fehlen lediglich Entsprechungen zu II 18, IV 15, 17 und 19 (= 48, 89, 91, 93 Th.) –, erkennt man sehr schnell als Adaptationen von 47 Phaedrus-Fabeln, die im >Codex Pithoeanus< und der >Appendix Perottina< überliefert sind. Bei weiteren 8 Fabeln ergibt sich der phaedrianische Ursprung aus einem Vergleich mit den parallelen Versionen innerhalb der Fabelsammlung, die wir in der Abschrift des im 11. Jahrhundert im Kloster St. Martial bei Limoges lebenden Presbyters ADEMAR VON CHABANNAIS (= cod. Voss. lat. 8° no. 15 der UB Leiden) besitzen. Hier finden sich außer 29 Fabeln, die zu einer dritten *recensio* des >Aesopus Latinus< gehören, und 8 Fabeln unbekannter Herkunft 30 Fabeln, die das Resultat einer mehr oder weniger mechanisch erfolgten Prosa-Auflösung von 30 Phaedrus-Gedichten sind, und die Vorlagen von 8 von ihnen waren auch die Vorlagen von 8 Fabeln des >Aesopus Latinus< (vgl. Nr. 4, 15, 22, 51, 53, 54, 63, 92 Th.). Das läßt sich zwar nicht beweisen, weil diese Vorlagen zusammen mit denen von 3 anderen Fabeln (41, 82, 84 Th.) verloren sind, darf aber aufgrund der engen Verwandtschaft aller 11 Prosaauflösungen mit den 19 Prosaauflösungen, deren Vorlagen wir einsehen können, als sicher gelten.

Was die übrigen 26 Fabeln der *rec. Gallicana* des „Romulus" betrifft, ist die Frage nach ihrem Ursprung nicht in allen Fällen mit Gewißheit zu beantworten. Aber folgende Beobachtung trägt wesentlich dazu bei, daß wir uns von der Genese der Fabelsammlung des „Romulus" wenigstens eine gewisse Vorstellung machen können: Das letzte von vier Büchern der Sammlung beginnt zwar mit 5 Fabeln, deren phaedrianische Herkunft nachweisbar ist (= 71–75 Th.), aber an diese schließen sich 3 Fabeln an, die wir nur aus dem „Romulus" kennen und deren Vorlagen sehr wahrscheinlich nicht von Phaedrus stammten (= 76–78 Th.), 2 Fabeln, die trotz ihrer stofflichen Verwandtschaft mit 2 Phaedrus-Fabeln keinerlei Ähnlichkeit mit diesen zeigen (= 79 und 83 Th.), sowie 7 Fabeln, die nahezu wörtlich mit 7 Fabeln in der Sprachlehre des Ps.-Dositheus (s. o. S. 34 f.) übereinstimmen (= 85–91 Th.); erst am Ende des Buches finden wir wieder 3 eindeutig bzw. so gut wie sicher als Bearbeitungen von Phaedrus-Gedichten anzusehende Fabeln (= 92, 94 und 95 Th.), unter die noch eine weitere Fabel des Ps.-Dositheus (= 93 Th.) geraten ist. Während also bei 13 Fabeln des IV. Buches der „Romulus"-Sammlung die Herleitung aus Phaedrus-Gedichten ausgeschlossen bzw. äußerst zweifelhaft ist, erkennt man in den übrigen 13 der zur Diskussion stehenden Fabeln, von denen eine soeben unter den Fabeln des IV. Buches aufgeführt wurde (= 94 Th.), 12 dagegen über die Bücher I–III verstreut sind (= 21, 23, 24, 35, 36, 39, 52, 55, 56, 64, 66 und 70 Th.), deutliche Spuren der Umformung von Phaedrus-Versen. Und aus all dem ergibt sich, daß uns in dem ›Aesopus Latinus‹, als dessen Übersetzer sich ein „Romulus" ausgibt, kein reiner Prosa-Phaedrus vorliegt, sondern daß hier an 65 durch Bearbeitung von Phaedriana entstandene Fabeln Adaptationen von Fabeln verschiedener Autoren (darunter wiederum 3 von Phaedrus) angehängt sind.

Nun liefert uns aber die vierte der auf uns gekommenen *recensiones* von Fabeln des ›Aesopus Latinus‹ mehrere Indizien dafür, daß dieses Prosafabelbuch vor der Entstehung der Sammlung des

„Romulus" in einer Version existierte, deren Fabeln einzig auf Phaedrus-Gedichten fußten und bei der es sich um den Archetypus aller *recensiones* des ›Aesopus Latinus‹ gehandelt haben dürfte. Die Fassung dieses Fabelbuches, die uns in einem im 10. Jahrhundert in Weißenburg im Elsaß aufgezeichneten Kodex (Gud. lat. 148 in Wolfenbüttel) erhalten ist, unterscheidet sich in vier wichtigen Punkten von der Fassung des ›Romulus‹:

1. Am Anfang steht nur eine Dedikationsepistel, der „Äsop"-Brief, der, in zwei Hälften zerlegt, die Fabeln rahmt und in dessen zweiten Teil die Prosabearbeitung der phaedrianischen Fabel von Hahn und Perle (III 12) eingefügt ist, die bei „Romulus" die Reihe eröffnet.

2. Wie bei Phaedrus sind die Fabeln auf fünf Bücher verteilt, und wie bei dem Dichter ist die erste des ersten Buches die Fabel von Wolf und Lamm.

3. Von den insgesamt 58 Fabeln – 2 von ihnen, die auch in Kodex V der *recensio vetus* des „Romulus" erscheinen, sind nicht Bearbeitungen von Phaedrus-Gedichten, sondern Prosa-Auflösungen wie 30 Fabeln des Ademar-Kodex und deshalb nicht dem ›Aesopus Latinus‹ zuzurechnen (= 97 und 98 Th.) – gehen 39 nachweislich, die übrigen 17 ebenso wie die ihnen bei „Romulus" entsprechenden Fabeln mit an Sicherheit grenzender Wahrscheinlichkeit auf die ›Fabulae Aesopiae‹ des Phaedrus zurück.

4. Die Fabeltexte sind denen der analogen Texte des „Romulus" sehr ähnlich, aber wenn man die Fabeln, deren Originale wir besitzen, mit diesen vergleicht, stößt man immer wieder auf Passagen, in denen die *recensio* des Weißenburger Kodex sich enger an den Phaedrus-Text anlehnt als die beiden *recensiones* des „Romulus".

Das Bild, das man sich aufgrund dieses Befundes von der Überlieferungsgeschichte des ›Aesopus Latinus‹ m. E. zu machen hat, sieht so aus: Der Archetypus bestand aus fünf *libri* und wurde allein durch die „Äsop"-Epistel eingeleitet. Er dürfte um 350 verfaßt worden sein; diese Datierung, die THIELE (1910) aus sprachlichen Gründen für die frühestmögliche hält, empfiehlt sich deshalb, weil wir die Genese der Version des „Romulus", als deren *terminus ante quem* allgemein das Jahr 500 gilt, um einiges später anzusetzen haben (vgl. auch das o. S. 71 zu der Notiz des Ausonius Gesagte). Der Ur-›Aesopus‹ war nichts weiter als ein Prosa-Phaedrus, in den nur *fabulae Aesopiae* Eingang fanden, die inhaltlich in den Augen dessen, von dem das Fabelbuch stammt, besonders „äsopisch" waren, also überwiegend solche, in denen mindestens ein Tier auftritt (Ausnahme im cod. Wiss.: IV 1 = 60 Th., nach Ph. app. 29). Ein unbekannter Bearbeiter dieses Prosa-Phaedrus, der das Buch durch Adaptationen von Fabeln anderer Erzähler erweiterte, hielt es für nötig zu fingieren, die in Griechenlands archaischer Zeit von Äsop verfaßten Fabeln seien durch einen berühmten Römer, der in Roms archaischer Zeit lebte, ins Lateinische übersetzt worden – denn welchen „Romulus", der einen Sohn „Tiberinus" gehabt haben soll, könnte der spätantike Anonymus gemeint haben? Doch wohl niemanden anders als den Gründer Roms! Trifft diese Identifizierung zu, dann ging der unbekannte Bearbeiter des ›Aesopus Latinus‹ bei der Wahl seines „Zeugen" für die Authentizität eines literarischen Textes noch weiter zurück in die Vergangenheit des Imperium Romanum als „Diktys" und „Dares", die als Gewährsmänner für ihre Berichte über den Untergang Trojas Nero bzw. Sallust und Nepos nennen.

Wer den Versuch unternehmen will, die Fabeln des ›Aesopus Latinus‹ zu interpretieren, steht zwei großen Schwierigkeiten gegenüber. Die eine ist dadurch gegeben, daß wir beim gegenwärtigen Stand der Forschung – diese war stets primär an der Rekonstruktion verlorener Phaedrus-Fabeln interessiert – nicht zweifelsfrei entscheiden können, welche der in den vier *recensiones* des ›Aesopus Latinus‹ überlieferten Fabeln wir der Urfassung zuweisen dürfen. Denn die Tatsache, daß die beiden *recensiones* des „Romulus" 12 bzw. 11 auf Phaedrus-Gedichten fußende Fabeln enthalten, die im Weißenburger Kodex fehlen, läßt sich auf zweierlei Weise erklären: Entweder handelt es sich bei der *recensio* dieses Kodex nur um eine Epitome des Originals, oder „Romulus" fügte dem Ur-›Aesopus‹ außer den Fabeln anderer Autoren auch diese 12 Bearbeitungen von Phaedriana hinzu. Mit der Frage, welche Fabeln der Archetypus enthielt, hängt das Problem der Buchstruktur zusammen. In den fünf *libri* des Weißenburger Kodex ist die Reihenfolge der Fabeln nämlich eine andere als in den vier *libri* des „Romulus", doch in beiden kann man schon bei oberflächlicher Lektüre bestimmte Prinzipien der Gruppierung erkennen. Nehmen wir nur jeweils den Anfang des Buches I: Im Weißenburger Kodex sind die Fabeln 1–4 (= 3, 5, 4, 35 Th.) einander eindeutig paarweise zugeordnet – dies erinnert an die Beobachtungen, die M. J. LUZZATTO (1984) am Fabelbuch Avians gemacht hat (s. o. S. 72) –, während bei „Romulus" die auf die „programmatische" Fabel 1 (= 1 Th.) folgenden Fabeln 2–5 (= 3–6 Th.) thematisch nach dem System a-b-a-b miteinander verknüpft sind. Aber welche *recensio* hat hier und bei den übrigen Fabeln die Buchstruktur des Archetypus beibehalten?

Die andere große Schwierigkeit, mit der sich die Erklärer der Fabeln des ›Aesopus Latinus‹ konfrontiert sehen, liegt in den Unterschieden im Wortlaut, die die Texte in den Handschriften des Fabelbuches aufweisen, sowie in der z. T. sehr schlechten Qualität dieser Kodizes. Speziell der Text der Weißenburger Handschrift bietet kaum zu bewältigende Probleme, da zahlreiche Passagen in ihm von einem sprachlich wohl nicht sehr begabten Kopisten bis zur Unverständlichkeit entstellt wurden. Im Text des Kodex finden wir, wie G. THIELE (1910) es ausdrückt, „ein in völliger Auflösung begriffenes Lateinisch" (p. CLVII), und ausgerechnet diese für die Rekonstruktion des ›Aesopus Latinus‹ besonders wichtige *recensio* besitzen wir noch nicht in einer einwandfreien historisch-kritischen Ausgabe, da THIELE es versäumt hat, im Apparat seiner Edition die Lesarten eines Korrektors des Textes („W^2") anzugeben. Welchen Text soll man also, wenn man einzelne Fabeln des ›Aesopus Latinus‹ mit ihren Vorlagen vergleichen will, um auf diesem Wege aus den Abweichungen des Anonymus von seiner Quelle auf seine Intention zu schließen, zur Ausgangsbasis für einen solchen Vergleich machen? Es ist höchst zweifelhaft, ob es überhaupt möglich ist zu ermitteln, welche *recensio* dem Archetypus am nächsten steht. Aber bevor sich ein von Wunschvorstellungen freier Textkritiker um eine Klärung dieses Problems bemüht hat, kann man, wenn man wenigstens einen ersten Anlauf zur Interpretation der Fabeln des ›Aesopus Latinus‹ nehmen will, nicht viel mehr tun als dieses: Man kann diejenigen Fabeln nach Abweichungen von ihren Vorlagen untersuchen, die in mindestens drei *recensiones* überliefert sind und inhaltlich im wesentlichen übereinstimmen.

Freilich müssen wir, wenn wir die nun folgende Übersicht über die aus einer solchen Art von Analyse bisher gewonnenen Resultate mit der exemplarischen Betrachtung einer Fabel beginnen, auch hier auf eine Berücksichtigung des gesamten zur Verfügung stehenden Textmaterials verzichten: Der enge Rahmen einer Einführung gestattet es uns nicht, den von uns ausgewählten Text – es handelt sich um die Fabel von Rabe und Fuchs (= 19 Th.), die wir bereits in der phaedrianischen Version kennengelernt haben (s. o. S. 46 ff.) – in allen erhaltenen Fassungen zu präsentieren; wir zitieren lediglich einen aus den Handschriften der *rec. Gallicana* erstellten Text und verweisen im übrigen auf die synoptische Edition bei THIELE (1910).

Qui se laudari gaudent verbis subdolis, decepti paenitent. de quibus similis est fabula.
Cum de fenestra corvus caseum raperet, alta consedit in arbore. vulpis ut hunc vidit, e contra sic ait corvo: „O corve, quis similis tibi? et penna-
5 *rum tuarum quam magnus est nitor! qualis decor tuus est! et si vocem habuisses claram, nulla tibi prior avis fuisset." at ille dum vult placere vulpi et vocem suam ostendere, validius sursum clamavit et ore patefacto oblitus caseum deiecit. quem celeriter vulpis dolosa avidis rapuit dentibus. tunc corvus ingemuit et stupore deceptum se paenituit. sed*
10 *post irreparabile damnum quid iuvat paenitere?*

Diejenigen, die sich freuen, wenn sie durch hinterlistige Worte gelobt werden, haben es, wenn sie betrogen werden, zu bereuen. Auf solche Leute paßt diese Fabel.

Als von einem Fenster ein Rabe einen Käse geraubt hatte, saß er auf einem hohen Baume. Als ein Fuchs ihn sah, rief er der Raben so an: „O Rabe, wer käme dir gleich? Wie gewaltig ist der Glanz deiner Federn! Wie anmutig du bist! Und wenn du eine helle Stimme hättest, wäre dir kein Vogel überlegen." Doch jener, während er dem Fuchs gefallen und seine Stimme zu Gehör bringen wollte, krächzte sehr laut hoch droben und vergaß dabei den Käse, den er, als er den Schnabel öffnete, herabfallen ließ. Den raubte schnell mit gierigen Zähnen der listige Fuchs. Da seufzte der Rabe auf, und es reute ihn, daß er sich in seiner Dummheit hatte betrügen lassen. Doch nach einem nicht wieder gut zu machenden Verlust, was hilft es da zu bereuen?

Sprachlich bietet die Fabel dasselbe Bild wie die meisten anderen Prosabearbeitungen von Phaedriana, die wir im ›Aesopus Latinus‹ lesen. Die Diktion des Dichters ist teils wörtlich übernommen, teils mit der spätantiken Latinität des Anonymus verschmolzen, selten innerhalb einer längeren Wortfolge durch eine der Vorlage gänzlich fremde Ausdrucksweise ersetzt. Dabei dringen einerseits Eigenheiten der vulgärlateinischen Grammatik in den *sermo urbanus* des Phaedrus ein – hier z. B. die Konstruktion des Irrealis der Gegenwart mit dem Konjunktiv Plusquamperfekt (Z. 5 f.) –, andererseits wird der Stil des Phaedrus weitgehend seiner komischen Wirkung beraubt, die, wie wir gesehen haben, u. a. durch den gezielten Gebrauch epischer Wendungen erreicht wird: Aus *ingemuit corvi deceptus stupor* wird das im Vergleich damit trivial klingende *corvus ingemuit et stupore deceptum se paenituit*. Dennoch ist bei der Kreuzung der jambischen Poesie des *libertus Augusti* mit der schlichten Erzählprosa unseres Pseudo-Äsop etwas herausgekommen, das in seiner kuriosen Inkonzinnität eines gewissen Reizes nicht entbehrt.

Mit seiner Form der Vermittlung des *fabula docet* bedient sich der Anonymus in unserem Textbeispiel nicht des Verfahrens, das für den ›Aesopus Latinus‹ besonders typisch ist. Denn während wir hier zwar ein Promythium vorfinden, statt eines Epimythiums aber nur die als rhetorische Frage formulierte abschließende auktoriale Bemerkung des Erzählers, bietet die Mehrzahl der Fabeln des ›Aesopus Latinus‹ (vgl. die Übersicht bei THIELE [1910] LXXII ff.) sowohl ein Pro- als auch ein Epimythium. Häufig ist der Fall zu beobachten, daß das Promythium der phaedrianischen Vorlage, wenn es eine allgemeingültige moralische Maxime aus der Fabelhandlung ableitet, mehr oder weniger übernommen wird, während dann im Epimythium ein ganz konkret auf den Erzählabschnitt bezogener Lehrsatz aufgestellt wird; so lautet z. B. die abschließende Bemerkung des Anonymus zu der Fabel von Frosch und Rind (= 50 Th.), mit der er ebenso wie Phaedrus vor *imitatio* der *potentes* warnen will (Ph. I 24, 1 ~ r. g. Z. 1–3): „Blas dich nicht auf, damit du nicht platzt" *(noli te inflare, ne crepes).*

An zwei Stellen der Fabel von Rabe und Fuchs in der Version des ›Aesopus Latinus‹ ist der Text gegenüber dem des Originals geringfügig erweitert: in der Rede des Fuchses, die etwas breiter angelegt ist als bei Phaedrus, und in der Szene, in der der Rabe den Schnabel öffnet, um seine Stimme ertönen zu lassen, und dabei den Käse fallen läßt; hier hat der Anonymus sich bemüht, die Abfolge der einzelnen Vorgänge besser nachvollziehbar zu machen, als Phaedrus es tut. Beide Formen von Zusätzen sind charakteristisch für den Autor des ›Aesopus Latinus‹. Sein unverkennbares Bestreben, sich als Kenner der *ars rhetorica* zu präsentieren, hat in einigen Fabeln dazu geführt, daß die darin enthaltenen direkten Äußerungen der agierenden Personen ausgeschmückt oder sogar im Wortlaut verändert wurden; so ist z. B. aus den Lehren, die der treue Hund dem Dieb in Ph. I 23 in vier Versen (5–8) erteilt, eine kleine Moralpredigt geworden (29, § 2–8 Th.). Und da Phaedrus oft von seinem Leser verlangt, daß dieser im Geist Handlungsdetails ergänzt, hielt der Anonymus es immer wieder für nötig, ausführlicher zu erzählen als sein Vorgänger; man vergleiche etwa die Version der Fabel von Stadtmaus und Landmaus im ›Aesopus Latinus‹ mit der Prosa-Auflösung des verlorenen Phaedrus-Gedichtes im Ademar-Kodex (= 15 Th.).

Gelegentlich kommt es im ›Aesopus Latinus‹ sogar vor, daß innerhalb des erzählenden Abschnittes einer Fabel der Handlungsablauf gegenüber demjenigen der Vorlage so sehr verändert ist, daß es geradezu eine neue Fabel ist, die wir vor uns haben (13, 28, 31 Th.; vgl. auch 10, 44, 59, 68 Th.). Diese Tatsache veranlaßte THIELE (1910) dazu, eine These über die Genese der „Romulus"-Sammlung zu entwickeln, mit der er sich ganz dem Quellenpositivismus des 19. Jahrhunderts verhaftet zeigte: Er führte die von ihren phaedrianischen Mustern inhaltlich abweichenden Fabeln zusammen mit denen des IV. Buches, die weder von Ps.-Dositheus stammen noch das Ergebnis einer Bearbeitung von Phaedrus-Fabeln sein können (s. o. S. 107), auf einen verlorenen ›Aesopus Latinus‹ zurück, den er bereits ins 2. Jahrhundert n. Chr. datierte und in dem er die Übersetzung einer verlorenen Sammlung griechischer Aesopica sah. Den von ihm rekonstruierten ›Aesopus Latinus‹ hielt THIELE nicht nur für die Quelle der vom Phaedrus-Text unabhängigen bzw. stofflich sich weit von den parallelen Versionen bei Phaedrus entfernenden Fabeln, sondern glaubte auch in vielen Fällen, wo die Prosafassung lediglich etwas mehr Detailschilderung enthält als das phaedrianische Vorbild, die Fabel sei durch „Kontamination" eines Phaedrus-Gedichtes mit einer Fabel des THIELEschen ›Aesopus Latinus‹ entstanden.

Es ist immer wieder verblüffend zu konstatieren, in welch starkem Maße sich die Altphilologen früherer Zeiten in ihren Vorstellungen von der Arbeitsmethode Lateinisch schreibender Autoren von Anschauungen der Romantik und des Historismus leiten und sich so den Blick für das, was man heute für das Naheliegende halten würde, versperren ließen. Wie bei vielen anderen Werken der römischen Literatur kam man auch bei der Betrachtung der Fabeln unseres ›Aesopus Latinus‹ des 4. Jahrhunderts überhaupt nicht auf den Gedanken, der sich dann, wenn eine literarische Adaptation bemerkenswerte Unterschiede zu ihrer Vorlage aufweist, eigentlich zuallererst ergeben müßte: daß diese Unterschiede durch Umformungen, die der Autor der Adaptation vornahm, zustande gekommen sein könnten und daß es deshalb die Pflicht des Philologen ist zu prüfen, ob die Diskrepanzen zwischen Textbearbeitung und Original als das Resultat einer in sich einheitlichen Planung zu erklären sind. Wer nämlich die Fabeln des ›Aesopus Latinus‹, die sowohl in der „Romulus"-Sammlung als auch im Weißenburger Kodex überliefert sind, unvoreingenommen und in einem Zuge liest, der merkt, noch bevor er seine Beobachtungen am Text analytisch ausgewertet hat, daß der Verfasser des Textes bei der Umgestaltung von Phaedrus-Gedichten in Prosaerzählungen konsequent ganz bestimmte Kriterien anwandte.

Leider fehlt bis jetzt eine Untersuchung, die diese Kriterien anhand von sorgfältigen Textvergleichen aufzeigt. Da es aber nicht unsere Aufgabe sein kann, eine solche Untersuchung innerhalb eines einführenden Kapitels vorzulegen, müssen wir uns damit begnügen, auf den einzigen bisher existierenden Ansatz zu einer vorurteilsfreien Interpretation der geistigen Aussage des ›Aesopus Latinus‹ zu verweisen: zwei kurze Abschnitte in K. GRUBMÜLLERS Monographie über die deutsche Fabel des Mittelalters (1977, 62–64. 184–186). Der Germanist veranschaulicht anhand von Vergleichen zwischen den Fabeln von Wolf und Lamm und vom Löwenanteil in den Versionen des ›Aesopus Latinus‹ (3 und 8 Th.) und Phaedrus (I 1 und 5), daß die scharfe Verurteilung gewalttätigen Vorgehens und des willkürlichen Handelns der Mächtigen, wie sie in den Phaedrus-Texten zum Ausdruck kommt, in den Prosafabeln erheblich abgemildert ist. Und dies ist eine Tendenz des Anonymus, die sich auch in anderen Fabeln artikuliert (vgl. bes. 5, 11, 17, 20, 27, 28 Th.). Freilich gerät man bei dem Versuch, die Intention des Autors der Urfassung des ›Aesopus Latinus‹ zu bestimmen, oft an Grenzen, die durch die mit der Überlieferungslage zusammenhängenden Probleme gesetzt werden. Nehmen wir z. B. den Vergleich der Promythien von Ph. II 6 und ›Aesopus Latinus‹ 17 Th.; der Originaltext lautet (V. 1–2):

> *Contra potentes nemo est munitus satis;*
> *Si vero accessit consiliator maleficus,*
> *Vis et nequitia quicquid oppugnant, ruit.*

Gegen die Mächtigen ist niemand genug geschützt, wenn aber ein böse handelnder Berater sich ihnen zugesellt, geht alles zugrunde, was Gewalt und Tücke angreifen.

Im „Romulus" wird die in diesen Versen steckende Sozialkritik erheblich entschärft, denn dort heißt es: *qui tutus et munitus est, a malo consiliatore subverti potest* [r. g.: „Wer beschützt und gesichert ist, kann von einem schlechten Ratgeber zu Fall gebracht werden"]. Im Weißenburger Kodex lesen wir dagegen immerhin: *Contra potentem nemo tutus [quam] si accedet consiliator malus* [„Gegenüber einem Mächtigen ist niemand sicher, wenn ein schlechter Ratgeber sich ihm zugesellt"]. Was stand nun im Archetypus?

Wie schon im ersten Satz dieser Einführung gesagt: Das Gebiet der antiken Fabel ist ein Trümmerfeld. Wir haben uns hindurchgebahnt und uns redlich bemüht, nicht nur erste Aufräumarbeiten zu leisten, sondern auch Wege für das weitere Vorgehen aufzuzeigen. Aber was es dabei noch zu tun gibt, ist sehr viel.

Über die Forschungen zum ›Aesopus Latinus‹ wurde bisher lediglich im Zusammenhang mit Besprechungen von Arbeiten zu Phaedrus berichtet (s. o. S. 55 f.). Alle einschlägigen Texte findet man bei HERVIEUX (1893/94) und THIELE (1910), speziell die Fabeln des Ademar-Kodex auch bei THIELE (1905) und BERTINI (1975). Mit der Überlieferungsgeschichte der Texte und ihrem Verhältnis zu den Vorlagen beschäftigen sich ZANDER (1897), THIELE (1905) & (1910), GETZLAFF (1907), ZANDER (1921), HAUSRATH (1938) 1482–1486, NØJGAARD (1964–1967) II 404–431, ADRADOS (1979–1987) II 473–509 und GATTI (1979). Einen nützlichen Überblick über die Gesamtproblematik gibt GRUBMÜLLER (1977) 61–67.

BIBLIOGRAPHIE

Im folgenden sind nur diejenigen Untersuchungen aufgeführt, die in den knappen Forschungsberichten am Ende der einzelnen Kapitel genannt bzw. besprochen werden; weitere Arbeiten verzeichnet die Bibliographie von Carnes (1985). Da die Erschließung der Forschungsliteratur im Bereich der antiken Fabel besondere Schwierigkeiten bereitet, bin ich Andreas Beschorner und Karin Prasch, die mir dabei unschätzbare Hilfe geleistet und überdies das Manuskript mehrfach durchgesehen haben, zu größtem Dank verpflichtet.

Aes. Fabel in Perry, Aesopica (1952)
Ba. Babrios
CFA Hausrath, Corpus Fabularum Aesopicarum (1940–1956)
Ph. Phaedrus
Test. Testimonium zur Äsop-Vita in Perry, Aesopica (1952)
Th. Thiele, Der Lateinische Äsop des Romulus (1910)

Adrados, F. R. (1948): Estudios sobre el léxico de las fábulas Esópicas. En torno a los problemas de la koiné litteraria, Salamanca.

Adrados, F. R. (1952): El Papiro Rylands 493 y la tradición fabulística antigua, in: Emérita 20, S. 337–388.

Adrados, F. R. (1953): Besprechung von Perry (1952), in: Gnomon 25, S. 323–328.

Adrados, F. R. (1957): Besprechung von Hausrath (1940–1956), in: Gnomon 29, S. 431–437.

Adrados, F. R. (1964): El tema del águila, de la épica acadia a Esquilo, in: Emérita 32, S. 267–282.

Adrados, F. R. (1965): El tema del león en el Agamemnón de Esquilo (717–749), in: Emérita 33, S. 1–5.

Adrados, F. R. (1965–1970): Besprechung von Nøjgaard (1964–1967), in: Gnomon 37, S. 540–544; 42, S. 43–49.

Adrados, F. R. (1969–1970): La tradición fabulística griega y sus modelos métricos, in: Emérita 37, S. 235–315; 38, S. 1–52.

Adrados, F. R. (1979): The „Life of Aesop" and the origins of novel in antiquity, in: Quaderni Urbinati di Cultura Classica 30, S. 93–112.

Adrados, F. R. (1979–1987): Historia de la fábula greco-latina. I: Introducción y de los origines a la edad helenística (1.2.). II: La fábula en epoca imperial romana y medieval. III: Inventario y documentación de la fábula greco-latina, Madrid [vgl. dazu Nøjgaard (1986)].

Adrados, F. R. (1984): Les collections de fables à l'époque hellénistique et romaine, in: Adrados/Reverdin (1984), S. 137–195.

Adrados, F. R./O. Reverdin (1984; Hrsg.): La fable. Huit exposés suivis de discussions, Vandœuvres-Genève (= Entretiens sur l'Antiquité Classique, Bd. 30).

Barabino, G. (1981): Osservazioni sul senario giambico di Fedro, in: δεσμὸς κοινωνίας. Scritti di Filologia e Filosofia. A cura di G. Fabiano e di E. Salvaneschi, Genova, S. 89–122.

Bellonzi, F. (1973): Fedro e i diritti della fantasia, in: Studi Romani 21, S. 61–63.

Bertini, F. (1975): Il monaco Ademaro e la sua raccolta di favole fedriane, Genova.

Bertini, F. (1981): Fortuna medievale ed umanistica della favola dell'asino e del cinghiale (Phaedr. I 29), in: Letterature comparate. Problemi e metodo. Studi in onore di E. Paratore, Bologna, S. 1063–1073.

Beschorner, A. (1992): Zu Arnolt Bronnens „Aisopos", in: Holzberg (1992a), S. 155–161.

Beschorner, A./N. Holzberg (1992): A bibliography of the Aesop Romance, in: Holzberg (1992a), S. 165–187.

Bieber, D. (1906): Studien zur Geschichte der Fabel in den ersten Jahrhunderten der Kaiserzeit, Berlin (= Diss. München 1905).

Birch, C. M. (1955): Traditions of the Life of Aesop, St. Louis, Missouri (= Diss. Washington Univ.).

Boldrini, S. (1988): Fedro e Perotti. Ricerche di storia della tradizione, Urbino.

Bowra, C. M. (1940): The fox and the hedgehog, in: The Classical Quarterly 34, S. 26–29.

Brodersen, K. (1992): Rache für Äsop. Zum Umgang mit Geschichte außerhalb der Historiographie, in: Holzberg (1992a), S. 97–109.

Burkert, W. (1984): Die orientalisierende Epoche in der griechischen Religion und Literatur, Heidelberg (= Sitzungsberichte der Heidelberger Akad. d. Wiss., Philosoph.-Hist. Klasse, Jg. 1984, Bericht 1).

Cameron, A. (1967): Macrobius, Avienus, and Avianus, in: The Classical Quarterly n.s. 17, S. 385–399.
Carnes, P. (1985): Fable scholarship. An annotated bibliography, New York – London.
Cavenaile, R. (1958): Corpus papyrorum Latinarum, Wiesbaden.
Chambry, E. (1925): Aesopi fabulae. I. II., Paris [vgl. dazu Hausrath (1927)].
Chambry, E. (1927): Ésope, Fables. Texte établi et traduit, Paris [vgl. dazu Hausrath (1927)].
Christes, J. (1979): Reflexe erlebter Unfreiheit in den Sentenzen des Publilius Syrus und den Fabeln des Phaedrus. Zur Problematik ihrer Verifizierung, in: Hermes 107, 199–220.
Cinquini, A. (1905): Index Phaedrianus, Milano [= Hildesheim 1964].
Conybeare, F.C./J.R. Harris/A.S. Lewis (^{2}1913): The story of Aḥiḳar. From the Aramaic, Syriac, Arabic, Armenian, Ethiopic, Old Turkish, Greek, and Slavonic versions, London.
Craven, T.C. (1973): Studies in the style of Phaedrus, Diss. McMaster Univ., Hamilton, Ontario.
Cremona, C.A. (1980): Lexicon Phaedrianum, Hildesheim – New York.
Crusius, O. (1879): De Babrii aetate, in: Leipziger Studien zur Classischen Philologie 2, S. 125–248 (= Diss. Leipzig).
Crusius, O. (1894): Fabeln des Babrius auf Wachstafeln aus Palmyra, in: Philologus 53, S. 228–252.
Crusius, O. (1896a): Avianus, in: Paulys Real-Encyclopädie der Class. Altertumswiss. II 2, Sp. 2373–2378.
Crusius, O. (1896b): Babrios, in: Paulys Real-Encyclopädie der Class. Altertumswiss. II 2, Sp. 2655–2667.
Crusius, O. (1897): Babrii fabulae Aesopeae. Accedunt fabularum dactylicarum et iambicarum reliquiae. Ignatii et aliorum tetrasticha iambica rec. a. C.F. Mueller, Lipsiae (= Bibliotheca Teubneriana).
Crusius, O. (1913): Aus der Geschichte der Fabel, in: C.H. Kleukens (Hrsg.), Das Buch der Fabeln, Leipzig, S. I–LXI [^{2}1920].
Currie, H. Macl. (1984): Phaedrus the fabulist, in: Aufstieg und Niedergang der Römischen Welt II 32,1, S. 497–513.
Daly, L.W. (1961a): Aesop without morals: The famous fables, and a Life of Aesop, newly translated, New York – London.
Daly, L.W. (1961b): Hesiod's fable, in: Transactions and Proceedings of the American Philol. Association 92, S. 45–51.

Dams, P. (1970): Dichtungskritik bei nachaugusteischen Dichtern, Diss. Marburg [S. 96–113: „Phaedrus"].

Davies, M. (1981): Aeschylus and the fable, in: Hermes 109, S. 248–251.

Degen, R. (1977): Achikar, in: Enzyklopädie des Märchens, Bd. 1, Sp. 53–59.

Della Corte, F. (1966): Tre papiri favolistici latini, in: Atti dell'XI Congresso Internazionale di Papirologia, Milano 2–8 settembre 1965, Milano, S. 542–550 = Opuscula, Bd. IV, Genova 1973, S. 147–155.

Della Corte, F. (1986): Orazio favolista, in: Cultura e Scuola 25, S. 87–93 = Opuscula, Bd. XI, Genova 1988, S. 35–41.

Diels, H. (1910): Orientalische Fabeln in griechischem Gewande, in: Internationale Wochenschrift f. Wiss., Kunst u. Technik 4, Sp. 993–1002.

Dimitriadou-Toufexi, E. (1981): Index verborum Vitae Aesopi Perrianae, in: Ἐπιστημονικὴ ἐπετηρίδα τῆς φιλοσοφικῆς σχολῆς τοῦ Ἀριστοτελείου πανεπιστημίου Θεσσαλονίκης 20, S. 69–153.

Draheim, H. (1889–1925): Bericht über die Litteratur zu Phaedrus und der römischen Fabeldichtung, in: Jahresbericht über die Fortschritte der class. Alterthumswiss. 59, S. 107–121; 68, S. 210–225; 84, S. 235–258; 101, S. 142–147; 126, S. 149–158; 143, S. 55–62; 183, S. 195–203; 204, S. 223–232.

Duff, J. W. (1927): A literary history of Rome in the Silver Age. From Tiberius to Hadrian, London (²1960) [S. 107–127: „Phaedrus and fable: Poetry of the time"].

Duff, J. W. (1934): Minor Latin poets. With an English translation by J. W. Duff and A. M. Duff, Bd. II, Cambridge (Mass.) – London (= The Loeb Classical Library) [S. 667–749: „Avianus"].

Eberhard, A. (1872): Fabulae Romanenses Graece conscriptae. I: De Syntipa et de Aesopo narrationes fabulosae partim ineditae, Lipsiae (= Bibliotheca Teubneriana).

Ellis, R. (1887): The fables of Avianus. Ed. with prolegomena, critical apparatus, commentary excursus, and index, Oxford [= Hildesheim 1966].

Falkowitz, R. S. (1984): Discrimination and condensation of sacred categories: The fable in early Mesopotamian literature, in: Adrados/Reverdin (1984), S. 1–32.

Finch, Ch. E. (1971a): The Morgan manuscript of Phaedrus, in: American Journ. of Philology 92, S. 301–307.

Finch, Ch. E. (1971b.): Notes on the fragment of Phaedrus in Reg. Lat. 1616, in: Classical Philology 66, S. 190–191.

Foerster, R. (1895): Lessing und Reiskes zu Aesop, in: Rheinisches Museum 50, S. 66–89.

Fraenkel, E. (1924): Zur Form der αἶνοι, in: Rheinisches Museum 73, S. 366–370 = Kleine Beiträge zur Klassischen Philologie, Bd. 1, Roma 1964, S. 235–239.

Gaide, F. (1980): Avianus, Fables. Texte établi et traduit, Paris [vgl. dazu Küppers (1981)].

Garcia, F. M./A. R. Lopez (1990): Index mythiamborum Babrii, Hildesheim – Zürich – New York.

Garcia, F. M./A. R. Lopez (1991): Index Aesopi fabularum, Hildesheim – Zürich – New York.

Gatti, P. (1979): Le favole del Monaco Ademaro e la tradizione manoscritta del corpus fedriano, in: Sandalion 2, S. 247–256.

Getzlaff, E. (1907): Quaestiones Babrianae et Pseudo-Dositheanae, Diss. Marburg.

Goetz, G. (1892): Hermeneumata Pseudodositheana, Lipsiae (= Corpus Glossariorum Latinorum, Bd. 3).

Grenfell, B. P./A. S. Hunt (1897): New classical fragments and other Greek and Latin papyri, Oxford (= Greek Papyri, Series II) [S. 133–134: P. Grenf. II 84 = CFA I 2 p. 119].

Grenfell, B. P./A. S. Hunt (1901): The Amherst Papyri. II: Classical fragments and documents of the Ptolemaic, Roman, and Byzantine periods, London [S. 26–29: „XXVI. Babrius Fables"].

Grenfell, B. P./A. S. Hunt (1915): The Oxyrhynchus Papyri. Part XI, London [S. 247: 1404 = Cavenaile (1958) Nr. 38].

Grubmüller, K. (1977): Meister Esopus. Untersuchungen zu Geschichte und Funktion der Fabel im Mittelalter, München (= Münchener Texte u. Untersuchungen z. Deutschen Lit. des Mittelalters, Bd. 56).

Guaglianone, A. (1956): Gli „Epimythia" di Aviano, in: Atti dell'Accademia Pontaniana n. s. 5, S. 353–377.

Guaglianone, A. (1957): La tradizione manoscritta di Aviano, in: Rendiconti dell'Accademia di Archeologia, Lettere e Belle Arti n. s. 32, S. 5–30.

Guaglianone, A. (1958): Aviani Fabulae, Torino (= Corpus Scriptorum Latinorum Paravianum).

Guaglianone, A. (1968): Fedro e il suo senario, in: Rivista di Studi Classici 16, S. 91–104.

Guaglianone, A. (1969): Phaedri Augusti liberti liber fabularum, Torino

(= Corpus Scriptorum Latinorum Paravianum) [vgl. dazu Nøjgaard (1972)].

Gual, C. G. (1977): La fábula esópica! estructura e ideología de un género popular, in: Estudios ofrecidos a E. A. Llorach, Bd. 1, Oviedo, S. 309–322.

Halm, K. (1852): Fabulae Aesopicae collectae, Lipsiae (= Bibliotheca Teubneriana).

Handford, S. A. (1958–1961): Besprechung von Hausrath (1940–1956), in: The Journ. of Hellenic Studies 78, S. 137–139; 81, S. 174–175.

Haslam, M. W. (1980–1986): The Oxyrhynchus Papyri. Vol. XLVII, London [S. 53–56: „3331. Life of Aesop"]; Part LIII, London [S. 149–172: „3720. Life of Aesop (Addendum to 3331)"].

Haslam, M. W. (1992): Besprechung von Papathomopoulos (1989) & (1990), in: The Classical Review n. s. 42, S. 188–189.

Hausrath, A. (1894): Untersuchungen zur Überlieferung der äsopischen Fabeln, in: Jahrbücher für class. Philol., Suppl. 21, S. 245–312.

Hausrath, A. (1898): Das Problem der äsopischen Fabel, in: Neue Jahrbücher für das class. Altertum 1, S. 305–322.

Hausrath, A. (1901): Die Äsopstudien des Maximus Planudes, in: Byzantinische Zeitschrift 10, S. 91–105.

Hausrath, A. (1909): Fabel, in: Paulys Real-Encyclopädie der Class. Altertumswiss. 12, Sp. 1704–1736 [Sp. 1707–1718 = P. Hasubek (Hrsg.), Fabelforschung, Darmstadt 1983 (= Wege der Forschung, Bd. 572), S. 38–52].

Hausrath, A. (1910): Besprechung von Thiele (1910), in: Berliner philol. Wochenschrift 30, Sp. 1406–1413.

Hausrath, A. (1918): Achiqar und Aesop. Das Verhältnis der orientalischen zur griechischen Fabeldichtung, Heidelberg (= Sitzungsberichte der Heidelberger Akad. d. Wiss., Philosoph.-Hist. Klasse, Jg. 1918, 2. Abh.).

Hausrath, A. (1927): Besprechung von Chambry (1925) & (1927), in: Philol. Wochenschrift 47, Sp. 1537–1546. 1569–1575.

Hausrath, A. (1936): Zur Arbeitsweise des Phaedrus, in: Hermes 71, S. 70–103.

Hausrath, A. (1937): Besprechung von Perry (1936), in: Philol. Wochenschrift 57, Sp. 770–777.

Hausrath, A. (1938): Phaedrus, in: Paulys Real-Encyclopädie der Class. Altertumswiss. XIX 2, Sp. 1475–1505.

Hausrath, A. (1940): Aesopische Fabeln. Zusammengestellt und ins

Deutsche übertragen. Gefolgt von einer Abhandlung: Die Aesoplegende, München (= Tusculum-Bücher).

Hausrath, A. (1940–1956): Corpus Fabularum Aesopicarum. I: Fabulae Aesopicae soluta oratione conscriptae. Fasc. 1 und 2, Lipsiae (= Bibliotheca Teubneriana) [Fasc. 1, ²1970 und 2, ²1959 curavit H. Hunger; vgl. dazu Perry (1942), Adrados (1957) und Handford (1958–1961)].

Heintze, H. v. (1989): Das Grabrelief des Phaedrus, in: Gymnasium 96, S. 1–12.

Hervieux, L. (1893/94): Les fabulistes latins depuis le siècle d'Auguste jusqu'à la fin du moyen âge. Phèdre et ses anciens imitateurs directs et indirects, 2 Bde., Paris [= Hildesheim – New York 1970].

Hesseling, D. C. (1892/93): On waxen tablets with fables of Babrius (Tabulae ceratae Assendelftianae), in: The Journ. of Hellenic Studies 13, S. 293–314.

Heydenreich, E. (1884–1888): Bericht über die Litteratur zu Phädrus, in: Jahresbericht über die Fortschritte der class. Altertumswiss. 39, S. 1–33. 205–249; 43, S. 100–124; 55, S. 170–174.

Hilpert, R. (1992): Bild und Text in Heinrich Steinhöwels „leben des hochberühmten fabeldichters Esopi", in: Holzberg (1992a), S. 131–154.

Hofmann, E. (1922): Qua ratione ἔπος, μῦθος, αἶνος, λόγος et vocabula ab eisdem stirpibus derivata in antiquo Graecorum sermone (usque ad annum fere 400) adhibita sint, Diss. Göttingen.

Holbek, B. (1977): Äsop, in: Enzyklopädie des Märchens, Bd. 1, Sp. 882–889.

Holzberg, N. (1991a): Die Fabel von Stadtmaus und Landmaus bei Phaedrus und Horaz, in: Würzburger Jahrbücher für die Altertumswiss. N. F. 17, S. 229–239.

Holzberg, N. (1991b): Phaedrus in der Literaturkritik seit Lessing. Alte und neue Wege der Interpretation, in: Anregung 37, S. 226–242.

Holzberg, N. (1992a; Hrsg.): Der Äsop-Roman. Motivgeschichte und Erzählstruktur, Tübingen (= Classica Monacensia, Bd. 6).

Holzberg, N. (1992b): Der Äsop-Roman. Eine strukturanalytische Interpretation, in: Holzberg (1992a), S. 33–75.

Hostetter, W. H. (1955): A linguistic study of the vulgar Greek Life of Aesop, Diss. Univ. of Illinois.

Hower, Ch. C. (1936): Studies on the so-called Accursiana recension of the Life and Fables of Aesop, Diss. Univ. of Illinois.

Husselman, E. M. (1935): A lost manuscript of the fables of Babrius, in:

Transactions and Proceedings of the American Philol. Association 66, S. 104–126.

Ihm, M. (1902): Eine lateinische Babriosübersetzung, in: Hermes 37, S. 147–151.

Immisch, O. (1930): Babriana, in: Rheinisches Museum 79, S. 153–169.

Irmscher, J. (1978): Antike Fabeln. Griechische Anfänge. Äsop. Fabeln in römischer Literatur. Phaedrus. Babrios. Romulus. Avian. Ignatios Diakonos. Aus dem Griechischen und Lateinischen übersetzt, Berlin (= Bibliothek der Antike) [^{3}1991].

Janko, R. (1980): Aeschylus' Oresteia and Archilochus, in: The Classical Quarterly n. s. 30, S. 291–293.

Jedrkiewicz, S. (1987): La favola esopica nel processo di argomentazione orale fino al IV sec. a. C., in: Quaderni Urbinati di Cultura Classica 56, S. 35–63.

Jedrkiewicz, S. (1989): Sapere e paradosso nell'antichità: Esopo e la favola, Roma.

Jedrkiewicz, S. (1990): Fedro e la verità, in: Quaderni Urbinati di Cultura Classica 63, S. 121–128.

Jones, W. R. (1940): The text tradition of Avianus, Diss. Univ. of Illinois.

Jones, W. R. (1969): Avianus, Flavianus, Theodosius, and Macrobius, in: Classical studies presented to B. E. Perry, Urbana – Chicago – London.

Josifović, S. (1974): Aisopos, in: Paulys Real-Encyclopädie der Class. Altertumswiss., Suppl. 14, Sp. 15–40.

Karadagli, T. (1981): Fabel und Ainos. Studien zur griechischen Fabel, Königstein/Ts. (= Beiträge zur Klass. Philol., Bd. 135).

Knöll, P. (1877): Fabularum Babrianarum paraphrasis Bodleiana, Vindobonae.

Koep, L. (1969): Fabel, in: Reallexikon für Antike und Christentum, Bd. 7, Sp. 129–154.

Korzeniewski, D. (1970): Zur Verstechnik des Phaedrus. Aufgelöste Hebungen und Senkungen in seinen Senaren, in: Hermes 98, S. 430–458.

Koster, S. (1991): Phaedrus: Skizze seiner Selbstauffassung, in: P. Neukam (Hrsg.): Die Antike im Brennpunkt, München (= Dialog Schule – Wissenschaft. Klass. Sprachen und Literaturen, Bd. 25), S. 59–87.

Kramer, B./D. Hagedorn (1978; Hrsg.): Kölner Papyri (P. Köln), Bd. 2, Opladen [S. 56–61: „64. Zwei Fabeln"].

Küppers, J. (1977): Die Fabeln Avians. Studien zur Darstellung und Erzählweise spätantiker Fabeldichtung, Bonn (= Habelts Dissertationsdrucke. Reihe Klass. Philol., Bd. 26).

Küppers, J. (1981): Besprechung von Gaide (1980), in: Gnomon 53, S. 239–245.

Kussl, Rolf (1992): Achikar, Tinuphis und Äsop, in: Holzberg (1992a), S. 23–30.

Lamberti, G. (1980): La poetica del lusus in Fedro, in: Rendiconti Istituto Lombardo, Classe di Lettere e Scienze Morali e Storiche 114, S. 95–115.

La Penna, A. (1961): La morale della favola esopica come morale delle classe subalterne nell'antichità, in: Società 17, S. 459–537.

La Penna, A. (1962): Il romanzo di Esopo, in: Athenaeum n.s. 40, S. 264–314.

La Penna, A. (1964): Letteratura esopica e letteratura assiro-babilonese, in: Rivista di Filologia e di Istruzione Classica 92, S. 24–39.

La Penna, A. (1966): Besprechung von Nøjgaard (1964–1967), in: Athenaeum n.s. 44, S. 354–369.

Lasserre, F. (1984): La fable en Grèce dans la poésie archaïque, in: Adrados/Reverdin (1984), S. 61–103.

Lindenberger, J.M. (1985): Ahiqar. A new translation and introduction, in: J.H. Charlesworth (Hrsg.): The Old Testament Pseudepigrapha, Bd. 2, London, S. 479–507.

Livrea, E. (1970): L' αἶνος esiodeo, in: Giornale Italiano di Filologia 22, 2, S. 1–20.

Lorenzi, A. de (1955): Fedro, Firenze.

Luzzatto, M.J. (1975): La cultura letteraria di Babrio, in: Annali della Scuola Normale Superiore di Pisa, Classe di lettere e filosofia, ser. 3, vol. 5, 1, S. 17–97.

Luzzatto, M.J. (1976): Fedro. Un poeta tra favola e realtà. Antologia. Con un saggio di L. Mondo, Torino.

Luzzatto, M.J. (1979): Besprechung von Pisi (1977), in: Atene e Roma n.s. 24, S. 187–190.

Luzzatto, M.J. (1983): La datazione della Collectio Augustana di Esopo ed il verso politico delle origini, in: Jahrbuch der Österreichischen Byzantinistik 33, S. 137–177.

Luzzatto, M.J. (1984): Note su Aviano e sulle raccolte esopiche greco-latine, in: Prometheus 10, S. 75–94.

Luzzatto, M.J. (1985): Fra poesia e retorica: la clausola del „coliambo" di Babrio, in: Quaderni Urbinati di Cultura Classica 48, S. 97–127.

Luzzatto, M.J. (1988): Plutarco, Socrate e l'Esopo di Delfi, in: Illinois Classical Studies 13, S. 427–445.

Luzzatto, M.J./A. La Penna (1986): Babrius, Mythiambi Aesopei, Leipzig (= Bibliotheca Teubneriana).

Mader, L. (1951): Antike Fabeln. Hesiod. Archilochos. Aesop. Ennius. Horaz. Phaedrus. Babrios. Avianus. Romulus. Eingeleitet und neu übertragen, Zürich (= Die Bibliothek der Alten Welt) [= München 1973 (= dtv 6024)].

Marc, P. (1910): Die Überlieferung des Äsopromans, in: Byzantinische Zeitschrift 19, S. 383–421.

Maria, L. de (1987): La femina in Fedro. Emarginazione e privilegio, Lecce.

Marrou, H.-I. (1957): Geschichte der Erziehung im klassischen Altertum, Freiburg i. Br. – München.

Massaro, M. (1979): Variatio e sinonimia in Fedro, in: Invigilata lucernis 1, S. 89–142.

Massaro, M. (1981 a): La redazione fedriana della „Matrona di Efeso", in: Materiali e contributi per la storia della narrativa greco-latina 3, S. 217–237.

Massaro, M. (1981 b): Una caratteristica dello stile di Fedro. La variatio sermonis, in: Quaderni dell'Associazione italiana di cultura classica 1, S. 49–61.

Merkle, S. (1992): Die Fabel von Frosch und Maus. Zur Funktion der λόγοι im Delphi-Teil des Äsop-Romans, in: Holzberg (1992a), S. 110–127.

Meuli, K. (1954): Herkunft und Wesen der Fabel, in: Schweizerisches Archiv für Volkskunde 50, S. 65–88 [= Ges. Schriften Bd. 2, Basel – Stuttgart 1975, S. 731–756; vgl. dazu Perry (1957)].

Meyer, E. (1912): Der Papyrusfund von Elephantine, Leipzig.

Mignogna, E. (1992): Aesopus bucolicus. Come si „mette in scena" un miracolo (Vita Aesopi c. 6), in: Holzberg (1992a), S. 76–84.

Moretti, G. (1982): Lessico giuridico e modello giudiziario nella favola fedriana, in: Maia n. s. 34, S. 227–240.

Müller, C. W. (1976): Ennius und Äsop, in: Museum Helveticum 33, S. 193–218.

Müller, C. W. (1980): Die Witwe von Ephesus – Petrons Novelle und die 'Milesiaka' des Aristeides, in: Antike und Abendland 26, S. 103–121.

Nøjgaard, M. (1964–1967): La fable antique. I: La fable grecque avant Phèdre. II: Les grands fabulistes, København [vgl. dazu Adrados (1965–1970) und La Penna (1966)].

Nøjgaard, M. (1972): Besprechung von Guaglianone (1969), in: Gnomon 44, S. 569–575.

Nøjgaard, M. (1984): La moralisation de la fable: D'Ésope à Romulus, in: Adrados/Reverdin (1984), S. 225–251.

Nøjgaard, M. (1986): Besprechung von Adrados (1979–1987), in: Gnomon 58, S. 193–198.

Önnerfors, A. (1987): Textkritisches und Sprachliches zu Phaedrus, in: Hermes 115, S. 429–453.

Oettinger, N. (1992): Achikars Weisheitssprüche im Licht älterer Fabeldichtung, in: Holzberg (1992a), S. 3–22.

Oldfather, W. A. (1929): An Aesopic fable in a schoolboy's exercise, in: Aegyptus 10, S. 255–256.

Oldfather, W. A. (1940): Besprechung von Roberts (1938), in: American Journ. of Philology 61, S. 211–221 [S. 216–218: B. E. Perry zu Papyrus Rylands 493].

Papathomopoulos, M. (1989): Aesopus revisitatus. Recherches sur le texte des Vies Ésopiques. Vol. I: La critique textuelle, Joannina [vgl. dazu Haslam (1992)].

Papathomopoulos, M. (1990): Ὁ Βίος τοῦ Αἰσώπου. Ἡ Παραλλαγὴ G. Κριτικὴ ἔκδοση μὲ εἰσαγωγὴ καὶ μετάφρασῃ, Joannina [vgl. dazu Haslam (1992)].

Peil, D. (1985): Der Streit der Glieder mit dem Magen. Studien zur Überlieferungs- und Deutungsgeschichte der Fabel des Menenius Agrippa von der Antike bis ins 20. Jahrhundert, Frankfurt a. M. – Bern – New York (= Mikrokosmos, Bd. 16).

Perry, B. E. (1933): The text tradition of the Greek Life of Aesop, in: Transactions and Proceedings of the American Philol. Association 64, S. 198–244.

Perry, B. E. (1936): Studies in the text history of the Life and Fables of Aesop, Haverford, Pa. [vgl. dazu Hausrath (1937)].

Perry, B. E. (1940): The origin of the epimythium, in: Transactions and Proceedings of the American Philol. Association 71, S. 391–419.

Perry, B. E. (1942): Besprechung von Hausrath (1940–1956), in: Classical Philology 37, S. 207–218.

Perry, B. E. (1952): Aesopica. A series of texts relating to Aesop or ascribed to him or closely connected with the literary tradition that bears his name. Collected and critically edited, in part translated from oriental languages, with a commentary and historical essay. I: Greek and Latin texts, Urbana (Illinois) [= New York 1980; vgl. dazu Adrados (1953)].

Perry, B. E. (1953): An Aesopic fable in Photius, in: Byzantinische Zeitschrift 46, S. 308–313.

Perry, B. E. (1957): Besprechung von Meuli (1954), in: Gnomon 29, S. 427–431.

Perry, B. E. (1959): Fable, in: Studium Generale 12, S. 17–37.

Perry, B. E. (1962): Demetrius of Phalerum and the Aesopic fables, in: Transactions and Proceedings of the American Philol. Association 93, S. 287–346.

Perry, B. E. (1965): Babrius and Phaedrus. Newly ed. and transl. into English, together with an historical introduction and a comprehensive survey of Greek and Latin fables in the Aesopic tradition, Cambridge (Mass.) – London (= The Loeb Classical Library).

Perry, B. E. (1966): Some addenda to the Life of Aesop, in: Byzantinische Zeitschrift 59, S. 285–304.

Pisi, G. (1977): Fedro traduttore di Esopo, Firenze [vgl. dazu Luzzatto (1979)].

Poethke, G. (1974): Das Leben Äsops. Aus dem Griechischen. Mit Einl. hrsg. u. erläutert v. W. Müller, Leipzig.

Port, W. (1933–1939): Die Literatur zur griechischen und römischen Fabel, in: Jahresbericht über die Fortschritte der klassischen Altertumswiss. 240, S. 63–94; 265, S. 1–29.

Pugliarello, M. (1981–1982): Appunti di sintassi fedriana, in: Studi e Ricerche dell'Istituto di Latino 4, S. 109–121; 5, S. 101–117.

Radermacher, L. (1902): Aus dem zweiten Bande der Amherst Papyri, in: Rheinisches Museum 57, S. 137–151 [S. 142–145: zu P. Amh. II 26].

Riedel, V. (1989; Hrsg.): Phaedrus, Der Wolf und das Lamm. Fabeln. Lateinisch und deutsch, Leipzig (= Reclams Universal-Bibliothek, Bd. 1321).

Robert U. (1893): Les fables de Phèdre. Édition paléographique publiée d'après le manuscrit Rosanbo, Paris.

Roberts, C. H. (1938): Catalogue of the Greek and Latin Papyri in the John Rylands Library, Manchester. III: Theological and literary texts (Nos. 457–551), Manchester [S. 119–128: „493. Aesop (?), Fables"; vgl. dazu Perry bei Oldfather (1940)].

Roberts, C. H. (1957): A fable recovered, in: The Journ. of Roman Studies 47, S. 124–125.

Rutherford, W. G. (1883): Babrius, ed. with introductory dissertations, critical notes, commentary and lexicon, London.

Sanders, H. A. (1947): Latin Papyri in the University of Michigan Collection, Ann Arbor (= Michigan Papyri, Bd. 7) [no. 457 ~ Aes. 39].

Sbordone, F. (1932): Recensioni retoriche delle favole esopiane, in: Rivista Indo-Greca-Italica di Filologia 16, S. 35–68.

Schanz, M./C. Hosius (1935): Geschichte der römischen Literatur, Bd. II. 4, München [S. 447–456: „Phaedrus"].

Schauer, M./S. Merkle (1992): Äsop und Sokrates, in: Holzberg (1992a), S. 85–96.

Schmidt, P. L. (1979): Politisches Argument und moralischer Appell: Zur Historizität der antiken Fabel im frühkaiserzeitlichen Rom, in: Der Deutschunterricht 31, 6, S. 74–88.

Schnur, H. C. (1978): Fabeln der Antike. Griechisch – Lateinisch – Deutsch. Hrsg. u. übers., München – Zürich (= Sammlung Tusculum) [^{2}1985: Überarbeitet v. E. Keller].

Schönberger, O. (1975): Phaedrus, Liber Fabularum. Fabelbuch. Lateinisch und deutsch. Übers. v. F. F. Rückert u. O. Schönberger. Hrsg. u. erläutert, Stuttgart (= Universal-Bibliothek, Bd. 1144–46) [^{4}1987: Durchgesehen und bibliographisch ergänzt].

Sitzler, J. (1897–1922): Bericht über die griechischen Lyriker, in: Jahresbericht über die Fortschritte der class. Altertumswiss. 92, S. 1–204 [Ba.: 109–115]; 104, S. 76–164 [Ba.: 104–106]; 133, S. 104–322 [Ba.: 162–165]; 191, S. 27–77 [Ba.: 51].

Smend, R. (1908): Alter und Herkunft des Achikar-Romans und sein Verhältnis zu Aesop, in: J. Müller, Beiträge zur Erklärung und Kritik des Buches Tobit/R. Smend, [...], Gießen (= Beihefte zur Zeitschrift für die alttestamentliche Wiss., Bd. 13), S. 55–125.

Speckenbach, K. (1978): Die Fabel von der Fabel. Zur Überlieferungsgeschichte der Fabel von Hahn und Perle, in: Frühmittelalterliche Studien 12, S. 178–229.

Spoerri, Th. (1942/43): Der Aufstand der Fabel, in: Trivium 1, S. 31–63 [= P. Hasubek (Hrsg.): Fabelforschung, Darmstadt 1983 (= Wege der Forschung, Bd. 572), S. 97–127].

Tartuferi, P. (1984): Phaedr. I 5 [vacca, capella, ovis et leo]. Nota su Fedro e la tradizione esopica, in: Annali della Facoltà di Lettere e Filosofia, Univ. di Macerata 17, S. 321–333.

Thiele, G. (1905): Der illustrierte lateinische Äsop in der Handschrift des

Ademar. Codex Vossianus Lat. oct. 15, fol. 195–205. Einl. u. Beschreibung von G. Thiele, Leiden.

Thiele, G. (1906–1911): Phaedrus-Studien, in: Hermes 41, S. 562–592; 43, S. 337–372; 46, S. 376–392.

Thiele, G. (1908): Die vorliterarische Fabel der Griechen, in: Neue Jahrbücher für das klassische Altertum 21, S. 377–400.

Thiele, G. (1910): Der Lateinische Äsop des Romulus und die Prosa-Fassungen des Phädrus. Kritischer Text mit Kommentar und einleitenden Untersuchungen, Heidelberg [= Hildesheim – Zürich – New York 1985; vgl. dazu Hausrath (1910)].

Thraede, K. (1968/69): Zu Ausonius ep. 16,2 (Sch.), in: Hermes 96, S. 608–628.

Tortora, L. (1975): Recenti studi su Fedro (1967–1974), in: Bollettino di studi latini 5, S. 266–273.

Unrein, O. (1885): De Aviani aetate, Diss. Jena.

Vaio, J. (1970): An alleged paraphrase of Babrius, in: Greek, Roman and Byzantine Studies 11, S. 49–52.

Vaio, J. (1977): A new manuscript of Babrius: Fact or fable?, in: Illinois Classical Studies 2, S. 173–183.

Vaio, J. (1980): New non-evidence for the name of Babrius, in: Emérita 48, S. 1–3.

Vaio, J. (1981): Another forgery from the pen of Mynas? (Paris suppl. gr. 1245), in: G. Giangrande (Hrsg.): Corolla Londiniensis, Amsterdam (= London Studies in Class. Philology, Bd. 8), S. 113–127.

Vaio, J. (1984): Babrius and the Byzantine fable, in: Adrados/Reverdin (1984), S. 197–224.

Wagner, F. (1977): Babrios, in: Enzyklopädie des Märchens, Bd. 1, Sp. 1123–1128.

Wehrli, F. (1949): Die Schule des Aristoteles. Texte und Kommentar. IV: Demetrios von Phaleron, Basel.

Weinreich, O. (1931): Fabel, Aretalogie, Novelle. Beiträge zu Phädrus, Petron, Martial und Apuleius, Heidelberg (= Sitzungsberichte der Heidelberger Akad. d. Wiss., Philosoph.-Hist. Klasse, Jg. 1930/31, 7. Abh.).

West, M. L. (1974): Studies in Greek elegy and iambus, Berlin – New York.

West, M. L. (1978): Hesiod, Works & Days. Ed. with prolegomena and commentary, Oxford.

West, M. L. (1979): The Parodos of the Agamemnon, in: The Classical Quarterly n. s. 29, S. 1–6.

West, M. L. (1982): Archilochus' fox and eagle: More echoes in later poetry, in: Zeitschrift für Papyrologie und Epigraphik 45, S. 30–32.

West, M. L. (1984): The ascription of fables to Aesop in archaic and classical Greece, in: Adrados/Reverdin (1984), S. 105–136.

Westermann, A. (1845): Vita Aesopi. Ex Vratislaviensi ac partim Monacensi et Vindobonensi codicibus, Brunsvigae-Londini.

Wiechers, A. (1961): Aesop in Delphi, Meisenheim/Gl. (= Beiträge zur Klass. Philol., Bd. 2).

Wienert, W. (1925): Die Typen der griechisch-römischen Fabel, Helsinki.

Wilsdorf, H. (1991): Der weise Achikaros bei Demokrit und Theophrast. Eine Kommunikationsfrage, in: Philologus 135, S. 191–206.

Winkler, J. J. (1985): Auctor & actor. A narratological reading of Apuleius's Golden Ass, Berkeley – Los Angeles – London [S. 276–291: "Isis and Aesop"].

Zander, C. M. (1897): De generibus et libris paraphrasium Phaedrianarum, Lund.

Zander, C. M. (1921): Phaedrus solutus vel Phaedri fabulae novae XXX. Quas fabulas prosarias Phaedro vindicavit recensuit metrumque restituit, Lund.

Zeitz, H. (1935): Die Fragmente des Äsopromans in Papyrushandschriften, Diss. Gießen.

Zeitz, H. (1936): Der Aesoproman und seine Geschichte. Eine Untersuchung im Anschluß an die neugefundenen Papyri, in: Aegyptus 16, S. 225–256.

Zimmermann, R. Ch. W. (1933): Die Zeit des Babrios, in: Bayerische Blätter für das Gymnasial-Schulwesen 69, S. 310–318.

Zinato, A. (1989): „Possibile" e „impossibile" nella favola esopica, in: D. Lanza/O. Longo (Hrsg.): Il meraviglioso e il verosimile tra antichità e medioevo, Firenze, S. 239–248.

Zwierlein, O. (1970): Der Codex Pithoeanus des Phaedrus in der Pierpont Morgan Library, in: Rheinisches Museum 113, S. 91–93.

Zwierlein, O. (1989): Jupiter und die Frösche, in: Hermes 117, S. 182–191.

BIBLIOGRAPHISCHER NACHTRAG ZUR 2. AUFLAGE

Im Folgenden wird in derselben Weise wie in den bibliographischen Anhängen zu den einzelnen Kapiteln und Teilabschnitten kurz über die wichtigsten der seit 1993 erschienenen Beiträge zur Erforschung der antiken Fabel berichtet. In diesem Bereich der Altertumswissenschaft ist auch in der Zeit nach dem Erscheinen der 1. Auflage nicht viel geschehen. Eine Ausnahme bildet die wissenschaftliche Literatur zum Äsop-Roman. Da sich für diesen Text außer Fabelforschern jetzt plötzlich Literaturwissenschaftler, die sich mit dem antiken Roman und seinem Nachleben auseinandersetzen, Sozial- und Religionshistoriker sowie Theologen interessieren, ist zumindest hier eine lebhafte Diskussion zu beobachten. Außerdem sind auf dem Gebiet der Untersuchungen zur Gattungsdefinition, zu den außerhalb der Sammlungen überlieferten Fabeln und zu Phaedrus bemerkenswerte Fortschritte zu verzeichnen. Bei der Erschließung der einschlägigen Literatur – darunter einige Arbeiten, die, zum Zeitpunkt der Abfassung der 1. Auflage bereits erschienen, mir damals noch nicht vorlagen – leisteten mir Sven Lorenz und Manolis Papathomopoulos wertvolle Hilfe. Dafür sei ihnen ebenso herzlich gedankt wie Gert-Jan van Dijk (vgl. seine ausführliche Besprechung der 1. Auflage, Mnemosyne 47, 1994, 384–389) und Jürgen Werner für förderliche Kritik an meinen Ausführungen von 1993, die ich nunmehr für die 2. Auflage an mehreren Stellen überarbeitet habe. Wie bisher wird für die einzelnen Untersuchungen nur der Name des Verfassers und das Erscheinungsjahr angegeben. Die Auflösung der Siglen erfolgt im Anschluß an den Forschungsbericht in einer alphabetisch angeordneten Bibliographie. Titel, die dort nicht erscheinen, suche man in der Bibliographie S. 117–131.

Zur Einleitung

Da ADRADOS (1979–1987) jetzt sukzessive in einer vom Autor und G.-J. VAN DIJK revidierten und aktualisierten englischen Fassung erscheint (ADRADOS [1999a] ff.), wird in absehbarer Zeit auch ein (wieder für Band III vorgesehenes und hoffentlich jetzt modernen Anforderungen entsprechendes) Gesamtverzeichnis der antiken Fabeln vorliegen; VAN DIJK (1997), 385–399 & (1998) hat dafür wichtige Vorarbeit geleistet. Eine Neuauflage der zweisprachigen Ausgabe von SCHNUR (1978) ist durch eine umfangreiche Bibliographie von BESCHORNER (1997) erweitert.

Zu Kapitel 1: Fabeln als Exempel in Dichtung und Prosa

Mit einer nun endlich vorliegenden gründlichen Untersuchung zu den in griechischen und römischen Texten als Exempel verwendeten Fabeln, dem Buch von VAN DIJK (1997), weist die Forschung zur antiken Fabel seit langer Zeit wieder ein Standardwerk auf. Es behandelt die Texte von der archaischen Zeit bis zum Hellenismus, die in einem Anhang auch alle ediert sind (442–568), und wird demnächst durch einen Band über die Kaiserzeit fortgesetzt (vgl. die Besprechungen von GIBBS [1998] und HOLZBERG [1998]). Zu den Anfängen der griechischen Fabel in archaischer und klassischer Zeit erschien außer VAN DIJKS Buch im letzten Jahrzehnt keine Gesamtdarstellung, aber eine Reihe von Arbeiten zu einzelnen Themen: zu Hesiods Fabel LONSDALE (1989), LECLERC (1992), DALFEN (1994/95) und HUBBARD (1995), zu Aischylos, Agamemnon 717 ff. NAPPA (1994), zu Herodots Fabel HIRSCH (1985/86), zu den Fabeln in Aristophanes' Wespen ROTHWELL (1995), zu den Testimonia über das Leben Äsops LUZZATTO (1996b) & (1996c) und RAGONE (1997), zur sozialhistorischen Interpretation der frühgriechischen Fabeln CASCAJERO (1991) & (1992) und ROTHWELL (1995), zur Definition der Gattung, die auch ausführlich in VAN DIJK (1997) behandelt wird (1–115; Edition sämtlicher antiker Testimonia: 400–441), WISSEMANN (1992) und VAN DIJK (1993) & (1995a). Fabeln in Texten der Kaiserzeit behandeln DAVIES (1987) und VAN DIJK (1996), über neue Fabelpapyri aus dieser Epoche, darunter Ps.-Dositheus und von Schülerhand geschriebene Fabeln, berichtet ADRADOS (1999b), über Fabeln als Schultexte FISHER (1987). Die Fabel bei Ennius untersuchen MENNA (1983), COZZOLI (1995) und DEL VECCHIO/FIORE (1998), die bei Lucilius COZZOLI (1995), die Fabeln bei Horaz WARMUTH (1992), FEDELI (1993), ADRADOS (1994) und COZZOLI (1995), die Fabel bei Livius HAVAS (1989) und HILLGRUBER (1996).

Zu Kapitel 2.1: Phaedrus, ›Fabulae Aesopiae‹

Die Literatur zu Phaedrus seit 1596 ist jetzt in der umfangreichen Bibliographie von LAMB (1998) erfaßt. Außer neuen zweisprachigen Ausgaben von CAVARZERE/SAGLIMBENI (1995) und OBERG (1996a) gibt es nun auch einen Gesamtkommentar von OBERG (2000), der allerdings keine Lemmata zu einzelnen Stellen (und somit auch kaum sprachliche Erklärungen), sondern (eher für ein breiteres Publikum bestimmte) Interpretationen der einzelnen Fabeln bietet. Die Überlieferungsgeschichte behandelt in mehreren Arbeiten zu einzelnen Themen BOLDRINI (1990a–c, 1991a–b), während HENDERSON (1999) den ursprünglichen Bestand und die Struktur des Corpus Phaedrianum zu rekonstruieren versucht; bei dem Aufsatz, der auch einen glänzenden Beitrag zur Würdigung der literaturgeschichtlichen Bedeutung des Phaedrus leistet, handelt es sich offenbar um die Überarbeitung eines Kapitels aus HENDERSONS unpublizierter Cambridger Dissertation von 1977 (vgl. dazu LAMB [1998], 113). Mit Einzelaspekten der sozialgeschichtlichen Interpretation befassen sich OLSHAUSEN (1995), OBERG (1996b) und BLOOMER (1997; vgl. bes. 75: „A successful reading depends on the reader's granting the poet his due status"), mit Themen der Motivgeschichte OBERG (1997) & (1999) und mit dem Selbstverständnis des Phaedrus als Dichter BERNARDI PERINI (1992), WISSEMANN (1992) und BLOOMER (1997), 102–107. Einzelinterpretationen bieten zu I 1 und III 7 KÜPPERS (1990), zu I 15 OLSHAUSEN (1995) und zu app. 15 HUBER (1990), 67–82.

Zu Kapitel 2.2: Babrios, ›Mythiamben‹

Babrios ist nach wie vor das Stiefkind des Forschungsstiefkindes Fabelforschung. Zu verzeichnen sind hier lediglich Einzelinterpretationen zu Fabel 78 von VAIO (1994), zu Nr. 88 von MENNA (1983) sowie zu Nr. 89 und 100 von KÜPPERS (1990). Außerdem berichtet ADRADOS (1999), 9f. über neue Papyrusfragmente von Prosaparaphrasen (Nr. 9 und 67).

Zu Kapitel 2.3: Avian, ›Fabulae‹

Auch zu Avian ist in jüngster Zeit kaum etwas geschehen. GAIDE (1991) versucht eine Gesamtwürdigung des Dichters, beurteilt ihn aber am Schluß wieder (mit KÜPPERS [1977], 255) als „mittelmäßig", so daß man sich weiterhin fragt, warum Avian im Mittelalter, wie WRIGHT (1997) in einem kurzen Aufsatz erneut belegt, „one of the most-read authors of western Christendom" war (10). Einzelinterpretationen bieten zu Nr. 14 und 20 PILLOLLA (1991), zu Nr. 21 MENNA (1983) und zu Nr. 37 KÜPPERS (1990).

Zu Kapitel 3.1: Das Buch ›Leben und Fabeln Äsops‹

Über die Forschung der jüngsten Zeit zum Äsop-Roman berichtet HOLZBERG (2000). Die Edition der Vita G von PAPATHOMOPOULOS (1990), die VAN DIJK (1994b) mit Recht als nicht „final" beurteilt, liegt mittlerweile in korrigierter, zweiter Auflage von 1991 vor, aber einen besseren Text enthält die Bilingue von FERRARI (1997; vgl. dazu seine Aufsätze 1995a & b). PAPATHOMOPOULOS hat jetzt auch Vita W neu herausgegeben (1999a) sowie fünf griechische Übersetzungen des Äsop-Romans editorisch erschlossen (1999b). Die schon lange vergriffene Übersetzung des PERRY-Textes in (1952) von DALY (1961) findet man jetzt in HANSEN (1998), 106–162, eine Übersetzung des PAPATHOMOPOULOS-Textes in WILLS (1997), 181–215. Bemerkenswert ist die relativ große Zahl der Versuche einer Gesamtwürdigung: PATTERSON (1991), 13–43 (mit Blick auf das Nachleben), HOLZBERG (1993) & (1996), LUZZATTO (1996a), FERRARI (1997), 5–55, LUDWIG (1997) und – besonders gedankenreich – PERVO (1998). Eine Minorität bilden dagegen Forscher wie GIANNATASIO (1995) und HÄGG (1997), die immer noch – in deutlicher Nähe zum Quellenpositivismus vergangener Tage – nach einer Ur-Vita des 5. Jahrhunderts v. Chr. fahnden; in diesem Zusammenhang sind auch einige Arbeiten zum Achikar-Roman bzw. zum Verhältnis des Äsop-Romans zu diesem Text zu nennen – GOMEZ (1990), LUZZATTO (1992), FALES (1993), LUZZATTO (1994) und MARINČIČ (1995) –, außerdem die Untersuchungen von JEDRKIEWICZ (1990/92, 1994 & 1997) und PAPADEMETRIOU (1997, 13–42) zu Einzelaspekten des literarischen und philosophischen Kontextes der Vita Aesopi. Überlegungen von HOLZBERG (1992b) zur Erzählstruktur (vgl. dazu auch VAN DIJK [1994a]) werden teils modifiziert, teils korrigiert von VAN DIJK (1995b), MERKLE (1996) und SHINER (1998). Die ersten Versuche einer sozialhistorischen Interpretation unternehmen HOPKINS (1993), HÄGG (1997) und RAGONE (1997), Bezüge zu zeitgenössischen Kulten (Dionysos bzw. Isis) stellen VON MÖLLENDORFF (1994) und DILLERY (1999) her, und WILLS (1997),

23 ff., Pervo (1998), 97 ff., Shiner (1998) und Pesce/Destro (1999) rücken den Äsop-Roman geistesgeschichtlich und formal in die Nähe der Evangelien. Zum vielfältigen Nachleben des Textes äußern sich Holzberg (1993), Pillolla (1994), Ludwig (1997) und Papademetriou (1997).

Für die Augustana-Sammlung sind nur ein Aufsatz von Adrados (1992), in dem er gegen Luzzatto (1983) seine Entstehungshypothese verteidigt (s. o. S. 105), und eine unpublizierte Dissertation von Zafiropoulos (1998) über die ethische Aussage dieser Fabeln zu verzeichnen.

Zu Kapitel 3.2: Der ›Aesopus Latinus‹

Die Arbeiten von Boldrini (1990 a-c, 1991 a-b) zur Überlieferungsgeschichte des Phaedrus-Textes sind auch hier heranzuziehen (vgl. auch Adrados [1999], 9 zu einer Paraphrase von Ph. I 4 auf Papyrus), ebenso Henderson (1999), der S. 321–329 andere Thesen zur Rekonstruktion des Aesopus Latinus entwickelt als der Verfasser dieses Buches. Eine Einzelinterpretation von 59 Th. liefert Huber (1990), 83–91.

Bibliographie

Adrados, F. R. (1992): La fecha de la Augustana y la tradición fabulística antigua y bizantina, in: Prometheus 18, S. 139–149.

Adrados, F. R. (1994): La fábula en Horacio y su poesía, in: Myrtia 9, S. 131–151.

Adrados, F. R. (1999a): History of the Graeco-Roman fable. I: Introduction and from the origins to the Hellenistic age. Transl. by L. A. Ray, Leiden–Boston–Köln (Mnemosyne, Suppl. 201).

Adrados, F. R. (1999b): Nuevos testimonios papiráceos de fábulas esópicas, in: Emérita 67, S. 1–11.

Bernardi Perini, G. (1992): «Cui reddidi iampridem quicquid debui». Il debito di Fedro con Esopo secondo Fedro, in: La storia, la lettera e l'arte a Roma da Tiberio a Domiziano: Atti del Convegno (Mantova, Teatro Accademico 4–5–6–7 ottobre 1990), Mantova, S. 43–59.

Beschorner, A. (1997): Bibliographie, in: H. C. Schnur (Hrsg.), Fabeln der Antike. Griechisch-Lateinisch-Deutsch, Düsseldorf–Zürich, S. 344–362.

Bloomer, W. M. (1997): Latinity and literary society at Rome. Philadelphia [S. 73–109: „The rhetoric of freedmen: The fables of Phaedrus"].

Boldrini, S. (1990a): Il codice fedriano modello di Ademaro, in: Prete, S. (Hrsg.), Memores tui. Studi di letteratura classica ed umanistica in onore di M. Vitaletti, Sassoferrato, S. 11–19.

Boldrini, S. (1990b): Note sulla tradizione manoscritta di Fedro (i tre codici di età carolingia), Roma (Bollettino dei classici, Suppl. 9).

Boldrini, S. (1990c): Una testimonianza delle 'favole nuove' di Fedro prima di Perotti: Gualtiero Anglico XLVIII, in: Res Publica Litterarum 13, S. 19–26.

Boldrini, S. (1991a): Fedro in Ademaro, in: Maia 43, S. 47–49.

Boldrini, S. (1991b): Il prologo dell'Epitome e la versificazione 'giambica' di Niccolò Perotti, in: Res Publica Litterarum 14, S. 9–18.

Cascajero, J. (1991): Lucha de clases e ideología: introducción al estudio de la fábula esópica como fuente histórica, in: Gerión 9, S. 11–58.

Cascajero, J. (1992): Lucha de clases e ideología: aproximación temática a las fábulas no contenidas en las colecciones anónimas, in: Gerión 10, S. 23–63.

Cavarzere, A./S. Saglimbeni (1995): Fedro, Le Favole. Introduzione di A. C., cura e traduzione di S. S. Testo latino a fronte, Roma.

Cozzoli, A.-T. (1995): Poesia satirica latina e favola esopica (Ennio, Lucilio e Orazio), in: Rivista di Cultura Classica e Medioevale 37, S. 187–204.

Dalfen, J. (1994/95): Die ὕβρις der Nachtigall. Zu der Fabel bei Hesiod (Erga 202–218) und zur griechischen Fabel im allgemeinen, in: Wiener Studien 107/108, S. 157–177.

Davies, M. (1987): The ancient Greeks on why mankind does not live forever, in: Museum Helveticum 44, S. 65–75.

Del Vecchio, L./A. M. Fiore (1998): Fabula in satura. Osservazioni su alcuni frammenti delle Satire di Ennio, in: Invigilata Lucernis 20, S. 59–72.

Dijk, G.-J. van (1993): Theory and terminology of the Greek fable, in: Reinardus 6, S. 171–183.

Dijk, G.-J. van (1994a): Besprechung von Holzberg (1992a), in: Mnemosyne 47, S. 384–389.

Dijk, G.-J. van (1994b): Besprechung von Papathomopoulos (1989) & (1990), in: Mnemosyne 47, S. 550–555.

Dijk, G.-J. van (1995a): Ἐκ τῶν μύθων ἄρξασθαι. Greek fable theory after Aristotle: Characters and Characteristics, in: Greek literary theory after Aristotle. A collection of papers in honour of D. M. Schenkeveld, Amsterdam, S. 235–258.

Dijk, G.-J. van (1995b): The fables in the Greek Life of Aesop, in: Reinardus 8, S. 131–150.

Dijk, G.-J. van (1996): The function of fables in Graeco-Roman romance, in: Mnemosyne 49, S. 513–541.

Dijk, G.-J. van (1997): ΑΙΝΟΙ, ΛΟΓΟΙ, ΜΥΘΟΙ. Fables in archaic, classical and Hellenistic Greek literature. With a study of the theory and terminology of the genre, Leiden–New York–Köln (Mnemosyne, Suppl. 166) [vgl. dazu Gibbs (1998) und Holzberg (1998)].

Dijk, G.-J. van (1998): Suplemento al inventario de la fábula greco-latina. Épocas arcaica, clásica y helenística, in: Emérita 66, S. 15–22.

Dillery, J. (1999): Aesop, Isis, and the Heliconian Muses, in: Classical Philology 94, S. 268–280.

Fales, F. M. (1993): Storia di Ahiqar tra Oriente e Grecia: la prospettiva dall'antico Oriente, in: Quaderni di Storia 38, S. 143–166.

Fedeli, P. (1993): La favola oraziana del topo di città e del topo di campagna. Una proposta di lettura, in: Cultura e Scuola 128, S. 42–52.

Ferrari, F. (1995a): Per il testo della recensione G della Vita Aesopi, in: Studi Classici e Orientali 45, S. 249–259.

Ferrari, F. (1995b): P. Oxy. 3331 e Vita Aesopi 18, in: Zeitschrift für Papyrologie und Epigraphik 107, S. 296.

Ferrari, F. (1997): Romanzo di Esopo. Introduzione e testo critico a cura di F. F. Traduzione e note di G. Bonelli e G. Sandrolini. Testo greco a fronte, Milano (Classici della Biblioteca Universale Rizzoli).

Fisher, B. F. (1987): A history of the use of Aesop's fables as a school text from the classical era through the nineteenth-century, Diss. Indiana University.

Gaide, F. (1991): Avianus, ses ambitions, ses résultats, in: G. Catanzaro/F. Santucci (Hrsg.), La favolistica latina in distici elegiaci: Atti del Convegno Internazionale, Assisi, 26–28 ottobre 1990, Assisi, S. 45–61.

Giannatasio Andria, Rosa (1995): Il Bios di Esopo e i primordi della biografia, in: I. Gallo/L. Nicastri (Hrsg.), Biografia e autobiografia degli antichi e dei moderni, Napoli, S. 41–56.

Gibbs, L. (1998): Besprechung von van Dijk (1997), in: Bryn Mawr Classical Review 98.5.18.

Gómez, P. (1990): Αἶνος: el fill d'Isop, in: Lexis 5–6, S. 81–88.

Hägg, T. (1997): A professor and his slave: Conventions and values in the Life of Aesop, in: P. Bilde u. a. (Hrsg.), Studies in Hellenistic civilization VIII: Conventional values of the Hellenistic Greeks, Aarhus, S. 177–203.

Hansen, W. (1998; Hrsg.): Anthology of ancient Greek popular literature, Bloomington-Indianapolis.

Havas, L. (1989): Fable and historical concept in ancient times, in: Acta Antiqua Academiae Scientiarum Hungaricae 32, S. 63–73.

Henderson, J. (1999): Phaedrus' Fables: The original corpus, in: Mnemosyne 52, S. 308–329.

Hillgruber, M. (1996): Die Erzählung des Menenius Agrippa. Eine griechische Fabel in der römischen Geschichtsschreibung, in: Antike und Abendland 42, S. 42–56.

Hirsch, S. W. (1985/86): Cyrus' parable of the fish: Sea power in the early relations of Greece and Persia, in: The Classical Journal 81, S. 222–229.

Holzberg, N. (1993): A lesser known „picaresque" novel of Greek origin: The Aesop Romance and its influence, in: H. Hofmann (Hrsg.), Groningen Colloquia on the Novel 5, Groningen, S. 1–16.

Holzberg, N. (1996): Fable: Aesop. Life of Aesop, in: G. Schmeling (Hrsg.), The novel in the ancient world, Leiden–New York–Köln (Mnemosyne, Suppl. 159), S. 633–639.

Holzberg, N. (1998): Besprechung von van Dijk (1997), in: Classical Review n. s. 48, S. 337f.

Holzberg, N. (2000): The fabulist, the scholars, and the discourse: Aesop studies today, in: International Journal of the Classical Tradition 6 (im Druck).

Hopkins, K. (1993): Novel evidence for Roman slavery, in: Past & Present 138, S. 3–27.

Hubbard, T. K. (1995): Hesiod's fable of the hawk and the nightingale reconsidered, in: Greek, Roman and Byzantine Studies 36, S. 161–171.

Huber, G. (1990): Das Motiv der «Witwe von Ephesus» in lateinischen Texten der Antike und des Mittelalters, Tübingen (Mannheimer Beiträge zur Sprach- und Literaturwissenschaft 18).

Jedrkiewicz, S. (1990/92): The last champion of play-wisdom: Aesop, in: Itaca 6–8, S. 115–130.

Jedrkiewicz, S. (1994a): La mujer del filósofo y la mulier de la filosofía, in: Actas del IX Simposio de la Sociedad Española de Literatura General y Comparada. I: La mujer: Elogio y vituperio, Zaragoza, S. 215–224.

Jedrkiewicz, S. (1994b): Quelques traits sceptiques dans l'image populaire du philosophe au début de notre ère, Platon 46, S. 129–134.

Jedrkiewicz, S. (1997): Il convitato sullo sgabello. Plutarco, Esopo ed i Setti Savi, Pisa–Roma.

Küppers, J. (1990): Zu Eigenart und Rezeptionsgeschichte der antiken Fabeldichtung, in: E. Könsgen (Hrsg.), Arbor amoena comis. 25 Jahre Mittellateinisches Seminar in Bonn. 1965–1990, Stuttgart, S. 23–33.

Lamb, R. W. (1998): Annales Phaedriani 1596–1996, Lowestoft.

Leclerc, M.-C. (1992): L'épervier et le rossignol d'Hésiode. Une fable à double sens, in: Revue des Études Grecques 105, S. 37–44.

Lonsdale, S. H. (1989): Hesiod's hawk and nightingale (Op. 202–12): Fable or omen?, in: Hermes 117, S. 403–412.

Ludwig, C. (1997): Sonderformen byzantinischer Hagiographie und ihr literarisches Vorbild. Untersuchungen zu den Viten des Äsop, des Philaretos, des Symeon Salos und des Andreas Salos, Frankfurt a. M. usw. (Berliner Byzantinische Studien 3).

Luzzatto, M. J. (1992): Grecia e vicino oriente: tracce della «Storia di Ahiqar» nella cultura greca tra VI e V secolo A. C., in: Quaderni di Storia 36, S. 5–84.

Luzzatto, M. J. (1994): Ancora sulla «Storia di Ahiqar», in: Quaderni di Storia 39, S. 253–277.

Luzzatto, M. J. (1996a): Aisop-Roman, in: Der Neue Pauly 1, Sp. 359f.

Luzzatto, M. J. (1996b): Aisopos, in: Der Neue Pauly 1, Sp. 360–365.

Luzzatto, M. J. (1996c): Esopo, in: S. Setti (Hrsg.), I greci: storia cultura arte società, 2.1, Torino, S. 1307–1324.

Marinčič, M. (1995): Die Symbolik im Buch Tobit und der Achikar-Roman, in: Živa Antika 45, S. 199–212.

Menna, F. (1983): La ricerca dell'adiuvante: sulla favoletta esopica dell'allodola (Enn. Sat. 21–58 Vahl.[2]; Babr. 88; Avian. 21), in: Materiali e discussioni per l'analisi dei testi classici 10/11, S. 105–132.

Merkle, S. (1996): Fable, 'anecdote' and 'novella' in the Vita Aesopi. The ingredients of a 'popular novel', in: O. Pecere/A. Stramaglia (Hrsg.), La letteratura di consumo nel mondo greco-latino, Cassino, S. 209–234.

Möllendorff, P. v. (1994): Die Fabel von Adler und Mistkäfer im Äsoproman, in: Rheinisches Museum 137, S. 141–161.

Nappa, C. (1994): Agamemnon 717–36: The parable of the lion cub, in: Mnemosyne 47, S. 82–87.

Oberg, E. (1996a): Phaedrus, Fabeln. Lateinisch-deutsch. Hrsg. u. übers., Zürich–Düsseldorf (Slg. Tusculum).

Oberg, E. (1996b): Römische Rechtspflege bei Phaedrus, in: Rheinisches Museum 139, S. 146–165.

Oberg, E. (1997): Mulier mala dicendi perita – Die Frauen bei Phaedrus, in: Vir bonus dicendi peritus. Festschrift f. A. Weische z. 65. Geburtstag, Wiesbaden, S. 311–320.

Oberg, E. (1999): Frauen und andere „Merkwürdigkeiten". Sokratische Züge in den Fabeln des Phaedrus, in: H. Kessler (Hrsg.), Das Lächeln des Sokrates. Sokrates-Studien IV, Kusterdingen, S. 103–128.

Oberg, E. (2000): Phaedrus-Kommentar, Stuttgart.

Olshausen, E. (1995): Der Bürgerkrieg und die Betroffenheit des einfachen Mannes. Eine Interpretation der Phaedrus-Fabel vom alten Mann und dem Eselchen (Phaedrus 1, 15/16 B.), in: M. Weinmann-Walser (Hrsg.), Historische Interpretationen. Gerold Walser zum 75. Geburtstag dargebracht von Freunden, Kollegen und Schülern, Stuttgart (Historia Einzelschriften 100), S. 123–130.

Papademetriou, J.-Th. (1997): Aesop as an archetypal hero, Athens [vgl. dazu Holzberg (2000)].

Papathomopoulos, M. (1999a): Ὁ Βίος τοῦ Αἰσώπου. Ἡ Παραλλαγή W. Editio princeps. Εἰσαγωγή – Κείμενο – Μετάφραση – Σχόλια, Athena.

Papathomopoulos, M. (1999b): Πέντε δημώδεις μετάφρασεις τοῦ Βίου τοῦ Αἰσώπου, Athena.

Patterson, A. (1991): Fables of Power: Aesopian writing and political history, Durham-London.

Pervo, R. (1998): A nihilist fabula: Introducing The Life of Aesop, in: R. F. Hock/J. B. Chance/J. Perkins (Hrsg.): Ancient fiction and early Christian narrative, Atlanta (Society of Biblical Literature, Symposium Series 6), S. 77–120.

Pesce, M./A. Destro (1999): La lavanda dei piedi di Gv 13, 1–20, il Romanzo di Esopo e i Saturnalia di Macrobio, in: Biblica 80, S. 240–249.

Pillolla, M. P. (1991): Reminiscenze e aggettivazione allusiva in due favole di Aviano, in: G. Catanzaro, G./F. Santucci (Hrsg.): La favolistica latina in distici elegiaci: Atti del Convegno Internazionale, Assisi, 26–28 ottobre 1990, Assisi, S. 215–223.

Pillolla, M. P. (1994): Plauto in Esopo (Echi comici in una traduzione quattrocentesca), in: Maia 46, S. 301–313.

Ragone, G. (1997): La schiavità di Esopo a Samo. Storia e romanzo, in: M. Moggi/G. Cordiano (Hrsg.): Schiavi e dipendenti nell'ambito dell'«oikos» e della «familia». Atti del XXII Colloquio GIREA Pontignano (Siena) 19–20 novembre 1995, Pisa, S. 127–171.

Rothwell, jr., K. S. (1995): Aristophanes' Wasps and the sociopolitics of Aesop's fables, in: The Classical Journal 90, S. 233–254.

Shiner, W. (1998): Creating plot in episodic narratives: The Life of Aesop and the Gospel of Mark, in: R. F. Hock/J. B. Chance/J. Perkins (Hrsg.), Ancient fiction and early Christian narrative, Atlanta (Society of Biblical Literature, Symposium Series 6), S. 155–176.

Vaio, J. (1994): Babrius, Fab. 78: A new MS, in: Illinois Classical Studies 19, S. 205–208.

Warmuth, G. (1992): Autobiographische Tierbilder bei Horaz, Hildesheim–Zürich–New York (Altertumswiss. Texte und Studien 22).

Wills, L. M. (1997): The Quest of the historical gospel. Mark, John, and the origin of the gospel genre, London-New York.

Wissemann, M. (1992): Fabel. Zur Entwicklung der Bezeichnung für eine Literaturgattung, in: Fabula 33, S. 1–13.

Wright, A. T. (1997): Iste auctor ab aliis differt. Avianus and his medieval readers, in: W. Harms/C. S. Jaeger (Hrsg.), Fremdes wahrnehmen – fremdes Wahrnehmen, Stuttgart–Leipzig, S. 9–19.

Zafiropoulos, C. A. (1998): Ethics in Aesop's fables: The Augustana collection, PhD Thesis Exeter.

PERSONEN- UND SACHREGISTER

Accursius, Bonus 81
Achikar-Roman 15, 16, 87, 90, 94, 104, 136
Ademar von Chabannais 4, 44
Äsop 13, 17f., 22, 30, 31, 40, 49f., 70, 82, 85f., 89f., 98, 99, 102, 105, 134
Äsop-Roman 3, 84–93
  Autor 82–84, 94, 102, 103
  Beglaubigungsapparat 82
  Codex Cryptoferratensis 6, 80
  Datierung 83
  Entstehung 85, 86f., 136
  Erzählstruktur 87–93, 101f., 104, 136
  Fabeleinlagen 83, 87f., 88f., 91f.
  Fabelstruktur 101f.
  Inhalt 85f.
  Nachleben 104, 137
  Schein und Sein 31, 93
  sozialhistorische Interpretation 136
  Überlieferungsgeschichte 80f., 81f., 104
  und Achikar-Roman 87, 90, 94, 136
  und Collectio Augustana 80–84, 94, 101f., 102f.
  und Evangelien 136f.
  und zeitgenössische Kulte 136
  Vita G 80f., 81f., 84, 104, 136
  Vita Pl 81, 82, 85, 104
  Vita W 80f., 82, 85, 104, 136
  Vorlagen 87, 104, 136
Aesopus Latinus 3, 4, 44, 105–116
  Ademar-Kodex 3, 4, 44, 56, 106f., 116
  Beglaubigungsapparat 105f., 109
  Buchstruktur 109f.
  Datierung 108f.
  Entstehung 113f.
  Erzähltechnik 114f.
  Pro- und Epimythien 112f.
  „Romulus" 4, 105–107, 108, 109, 113f.
  Sprache 112
  und Phaedrus 106f., 109, 112f., 114f.
  Überlieferungsgeschichte 108f., 116, 137
  Verhältnis der 4 Rezensionen 109–111, 115
  Vorlagen 106f.
  Weißenburger Kodex 4, 107–109
  Wirkungsintention 114f.
Aischylos 14, 15, 20, 22, 23, 40, 134
Anthologia Palatina 64, 70
Aphthonios 2, 22, 33, 35, 42, 65
Appian 20
Apuleius 32, 37, 84

Archilochos 14, 16, 20, 38, 40, 57
Aristophanes 14, 15, 17, 18, 20, 21, 22, 23, 33, 40, 134
Aristeides, Aelius 29
Aristoteles 14f., 19, 20, 21, 22, 23, 26, 27, 38, 40
Augustana-Sammlung s. Collectio Augustana
Avian 1, 3, 65, 69–79
  Buchstruktur 72, 79, 110
  Datierung 76f., 79
  Erzähltechnik 70, 74–76
  Metrum 70, 74
  Nachleben 78, 136
  und Phaedrus 70, 71f., 73
  und Vergil 75, 76
  Überlieferungsgeschichte 78, 79
  Vorlagen 71–73, 79
  Wirkungsintention 77f.

Babrios 3, 57–69
  Buchstruktur 58–60, 94f.
  Codex Athous 3, 58, 60
  Datierung 65
  Epimythien 63f., 66f., 68
  Erzähltechnik 62–64
  Löwenfabeln 59
  Nachleben 34f., 71f.
  Politische Haltung 67f.
  Prosaparaphrasen 3, 58, 60, 69, 135
  Sprache 64, 66
  Tetrasticha 64, 70
  Überlieferungsgeschichte 58
  und Collectio Augustana 66
  Vorlagen 64–66
Batrachomyomachie 21

Catull 36
Chambry, E. 6
Collectio Accursiana 4, 6f., 81f., 95
Collectio Augustana 3f., 5–7, 81f., 94–105
  Autor 82–84, 94, 98, 102, 103
  Buchstruktur 59, 94f.
  Cod. Monac. gr. 564 3, 8
  Datierung 83, 105
  Erzähltechnik 95–98
  Epimythien 98–100
  Ethische Aussage 137
  Fabel mit Klage am Ende 95, 101f.
  Formelsprache 22f., 24, 99f., 101
  Schein und Sein 31, 102f.
  schwankhafte Stoffe 100f.
  Sprache 83, 98
  Überlieferungsgeschichte 81f., 105
  und Äsop-Roman 80–84, 94, 101f., 102f.
  und Babrios 98
  Vorlagen 99
Collectio Vindobonensis 4, 6f., 81f., 95
Crusius, O. 9, 11

Demetrios von Phaleron 13, 24–29, 41
Diodor 19
Diogenes 29, 87
Dion von Prusa 28, 29f.
Dionysios von Halikarnassos 19

Ennius 21, 36, 37f., 42, 134
Eulenspiegel, Till 85, 89

Fabel
  Anpassungsideologie 54, 68
  Erzählstruktur 22–24
  Exempelfunktion 1 f., 13–42, 134
  Formelsprache 22–24, 27, 37, 39 f., 41
  Forschungsgeschichte 1–11, 40–42, 55 f., 69, 79, 104 f., 133–137
  Gattungsdefinition 9, 13, 21 f., 41, 76, 134
  Moralsatire 20 f., 31 f.
  orientalische Einflusse 15 f., 21, 40, 59, 66, 94 f.
  philosophisches Exempel 20
  Promptuarium 26–29, 49
  Promythion 27 f., 49
  Sammlungsgeschichte 4 f., 105
  Schulstoff 2, 33–35, 41, 134
  sozialhistorische Interpretation 9, 18 f., 41, 51 f., 134
  Typen
    Aition 21, 96 f.
    Rangstreit 21 f., 97
Fronto 37

Gellius 37 f.
Gregor von Nyssa 32
Grubmüller, K. 9

Halm, K. 8
Hausrath, A. 6
Hermogenes 33
Herodot 14, 17, 19
Hesiod 14, 15, 18 f., 20, 24, 87, 134
Himerios 29
Horaz 20, 21, 36, 38–40, 42, 45 f., 52 f., 70, 134

Ibykos 15, 20, 21
Ignatios Diakonos 100
Iosephos 19

Kallimachos 20, 21 f., 57 f.

Lessing, G. E. 8
Libanios 29
Livius 19, 36, 37, 42, 134
Lucilius 21, 36, 38, 134
Lukian 20, 30–32, 103; s. a. Ps.-Lukian

Macrobius 76 f.
Martial 64
Maximos von Tyros 20, 29

Nikolaos von Myra 33
Nøjgaard, M. 9–11

Ovid 51, 70, 74, 78

Papyri
  P. Amherst II 26 33, 34, 41
  P. Berol. Inv. 11628 83
  P. Grenfell II 84 33, 41
  P. Köln II 64 41
  P. Mich. 457 33, 34, 41
  P. Oxy. 1249 3
  P. Oxy. 1404 33, 41
  Pap. Rylands 493 26–29, 41, 49, 83, 99, 100
  P. S. I. 848 42
Perotti, N. 3, 43
Perry, B. E. 6 f., 9
Petron 50 f., 84
Phaedrus 3, 43–56
  Ademar-Kodex s. Aesopus Latinus

Appendix Perottina 3, 43
Buchstruktur 44 f., 95, 135
Codex Pithoeanus 43
Grabrelief 56
Metrik 47–49
Moralkritik 55
Prosaparaphrasen s. Aesopus
  Latinus
Selbstverständnis als Dichter
  45 f., 55, 56, 135
Sprache 47–49, 56, 83,
Überlieferungsgeschichte 43 f.,
  56, 135
und Horaz 45 f.
Vita 53, 56
Vorlagen 49–51, 56
Zeitbezug 51–55, 56, 135
Planudes, Maximos 4, 81
Platon 14, 15, 20, 21, 22
Plutarch 19, 20, 30, 67
Pompeius Trogus 19, 37
Ps.-Aphthonius, Äsop-Vita 82
Ps.-Dositheus 34, 42, 58, 64 f., 65,
  107, 113, 134
Ps.-Lukian, Lukios oder Der Esel
  21, 32
Ps.-Homer, Margites 15, 20

Quintilian 33, 36

Reiske, E. 8
Reiske, J. J. 8, 85

Rhetor Brancatianus 100
Rohde, E. 11
Romulus, röm. König 109
„Romulus" s. Aesopus Latinus

Schneider, J. G. 8
Sejan 53, 55
Semonides 14, 18, 57
Seneca d. J. 37
Sieben Weise 25, 30, 87
Simonides 15, 20
Sokrates 20, 29, 70, 87
Solon 15, 20, 30
Sophokles 14, 19, 22, 23
Stesichoros 13
Syntipas 100

Tabulae Assendelftianae 33, 34,
  41, 58
Theodosius II., röm. Kaiser
  76 f.
Theognis 15, 20
Theon von Alexandria 22,
  33
Themistios 29
Timokreon 15, 20
Titianus 71

Vergil 75, 76
Vita Aesopi s. Äsop-Roman

Xenophon 14, 20, 23

STELLENINDEX

Aes.
 74–77: 95
 91: 60f.
 105–109: 95
 116: 96f., 102
 121: 103
 155: 10, 52
Aes. Lat. (ed. Thiele)
 3: 115
 8: 115
 15: 52f., 113
 17: 115
 19: 111f., 113
 29: 113
 59: 137
 60: 109
Aphth. prog. 1: 82
Archil.
 frg. 172–181 W.: 16
 frg. 185–187 W.: 16
Aristoph.
 av. 471: 33
 vesp. 1401: 17
 vesp. 1427–32: 24
 vesp. 1435–40: 23
Aristot.
 rhet. 1393a23–94a18: 13f., 26, 27
Auson. Epist. 16, 2, 74–8: 71
Avian.
 epist.: 70–72, 76f., 77f.
 3: 73–75

14: 136
20: 136
21: 136
37: 136

Babr.
 prol. I: 16, 57f., 65, 66
 31: 64
 39: 60
 40: 60, 67
 57: 66
 78: 135
 88: 135
 89: 10, 52, 135
 95: 10, 64
 100: 135
 102: 68
 prol. II: 59f., 65, 66
 109: 64f., 73f., 75
 129: 60–63
 134: 67f.

Enn. sat. 21–58 V.: 37f., 134

Gell. II 29, 3–16: 37f.

Hdt.
 I 141: 2, 14, 19, 134
 II 134f.: 17
Hes. op. 202–212: 14, 15, 18f., 24, 40, 134

Hor.
  epist. I 3, 19 f.: 2, 36, 38
  sat. II 3, 312–320: 36, 38 f.
  sat. II 6, 79–117: 2, 36, 39 f., 52 f.

Kallim.
  Iamb. 2: 57
  Iamb. 4: 21 f., 57

Liv. II 32, 5–12: 19, 36, 37, 134
Lucil. frg. 1074–81 K.: 36, 38, 134
Lukian.
  Herm. 20: 31
  pisc. 36: 32

Phaedr.
  I prol.: 44, 45 f.
  I 1: 10, 52, 115, 135
  I 2: 45, 54, 56
  I 5: 56, 115
  I 13: 46–49, 111 f., 113
  I 15: 135
  I 29: 56
  I 30: 44 f.
  II 6: 115
  III prol.: 19, 46, 54, 55
  III 7: 135
  III 12: 56
  IV 26: 56
  app. 15: 50 f., 56, 135
  Adem. 13 (= 15 Th.): 52 f., 56
Plat. Alk. I, 123A: 2

Quint. inst. V 11, 19: 36

Skolion frg. 9 P.: 14, 23 f.

Theon prog. 3: 22

Vit. Aes.
  100: 82, 92
  101–123: 16, 87, 94
  109 f.: 94
  128: 101 f.
  129: 51
  131: 102